こたえあわせ

伝説の舞台裏

落合博満 対談集

集英社

こたえあわせ 伝説の舞台裏 落合博満 対談集 【目次】

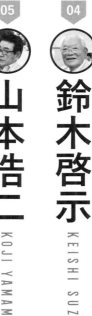

落合博満（おちあい・ひろみつ）

1953年生まれ、秋田県出身。秋田工業高校、東洋大学（中退）、東芝府中を経て1978年ドラフト3位でロッテに入団。3年目の1981年に初の首位打者。三冠王3回（82、85、86年）は日本プロ野球唯一の記録。1986年オフ、4対1の交換トレードで中日に移籍、同時に日本人選手初の1億円プレーヤーに。1993年オフ、巨人にFA移籍。1996年オフ、日本ハムに移籍。1998年、44歳で現役引退。首位打者5回、本塁打王5回、打点王5回。引退後は野球解説者、指導者として活動し、2004年より中日の監督として在任8シーズンでリーグ優勝4回、2010、11年は球団史上初のリーグ連覇を達成。2007年にはチームを日本一に導き、正力松太郎賞受賞。2013年オフに中日のGMに就任、2017年1月退任。2011年に野球殿堂入りを果たす本書籍はYouTube『落合博満のオレ流チャンネル』にて実施された対談を加筆・修正・再構成したものです。
第7章・張本勲氏との対談は本書籍オリジナルです。

企　　画　株式会社オチアイ企画
　　　　　株式会社スポーツニッポン新聞社

協　　力　落合華音／落合南月／落合蓮嗣

構　　成　髙橋安幸
装丁・DTP　松坂 健（TwoThee）
写真提供　株式会社スポーツニッポン新聞社
撮　　影　五十嵐和博（表紙、第7章）
メ イ ク　髙田将樹（表紙）
編　　集　星野晋平

01

田淵幸一

KOICHI
TABUCHI

田淵幸一（たぶち・こういち）

1946年生まれ、東京都出身。法政第一高校（現・法政高校）、法政大学を経て68年ドラフト1位で阪神に入団、強打の捕手として活躍。75年、巨人・王貞治の14年連続本塁打王を阻止し初タイトルを獲得。78年オフに球団買収直後の西武へ電撃トレード。84年に現役引退。通算474本塁打は史上12位だが、出場2000試合未満で400本以上打った日本人選手は田淵だけ。90～92年にはダイエー（現・ソフトバンク）の監督を務めた

「寝る時間にトレードの
話なんかするチームだったら、
俺はもうええわと思って」

日本プロ野球史上唯一、3度の三冠王に輝いた落合が「ただひとり認める」という、美しい放物線を描いた稀代のホームランアーチスト。熱を込めて語り合う極上の打撃論、そして真夜中の電撃トレードの舞台裏。

▼草野球のグラウンドは学習院

落合　お久しぶりでございます。元気でしたか。
田淵　元気じゃないよ（笑）。オチのほうが元気だよ。何年ぶりだい？
落合　もう何十年になりますね。
田淵　懐かしいね。落合と話せるっていうから、昨日寝れなかったよ。8時間しか。
落合　8時間も寝りゃ十分じゃないですか（笑）。今日は田淵さんのことを丸裸にしようと思って。
田淵　いつも裸だよ。ざっくばらんだよ。
落合　昭和21（1946）年生まれですよね。
田淵　そうそう。だからオチとは7つ違う。
落合　小さいときから身体は大きかったですか？
田淵　小学生の頃は、席は後ろだったね。親父がちょっと大きかったから。
落合　じゃあ、そのDNAを継いだわけですね。
田淵　でも、小っちゃいときは虚弱体質で。
落合　え？

田淵　本当なの。みんな「え？」って言うけど、よく入院したし、ガリガリだったし。「モヤシ」ってよく言われてた。だから全然、野球なんかやる雰囲気でもなかった。
落合　小学生の頃は野球をやらず？
田淵　やってたけど。その頃、野球と相撲しかなかったからね。サッカーもなかったしさ。で、俺の草野球のグラウンドは学習院。
落合　学習院ですか？
田淵　私の小学校が学習院の正門の真ん前。ランドセル背負って行って、すぐパーンと放り投げて、塀を乗り越えて、10人ぐらい集まると三角ベース。それが最初の野球。
落合　高校は法政一高（東京／現・法政高）ですよね。甲子園は？　ゼロ？
田淵　ゼロ。オチだって高校の思い出ないでしょ？
落合　ほとんどないですね。
田淵　俺は東京でベスト8かな。甲子園の「こ」の字もなかった。
落合　じゃあ、高校のときはドラフトにかかるような選手ではなかった？
田淵　全然。だってキャッチャーじゃなく、外野手で入部したのよ。100人ぐらいの部員がいて、ただグラウンドの横で「おーい、いこうぜ、いこうぜ」って声出してるだけで。なんだよ、硬球も触れないのかと。じゃあ硬球を触れるのはどこだっていったら、誰もやらないバッティングキャッチャーしかなかったのよ。

落合　キャッチャーっていうポジション、嫌だもんね（笑）。

田淵　嫌だよ。立ったり座ったりでよ（笑）。

落合　ボール当たったりね（笑）。

田淵　だからケガが一番多かったし。でも1年生のときに、恩師の松永怜一監督に「おい田淵、おまえ手首をうまく使うから、明日からバッティングやれ」って言われて。そこから本当の野球人生が始まったの。

落合　あーっ、松永さん、法政一高の監督だったんだ。

田淵　そうよ。それで偶然にも、松永さんが法政大学の監督になったのと同時に、俺も法政大学に入ったの。タイミング良かったよ。だから周りの先輩方は、「あいつにとっては高校のときの監督だから（優遇される）」って。殴られるわけよ（笑）、あの当時は。

落合　先輩になってからは、殴ったほうですか？

田淵　あのね、オチ。これね、1回もないんだよ。

落合　オレも1回もないんですよ。

阪神のスカウトは1回も来なかった

田淵 オチは東洋大学やろ？

落合 東洋大学、中退ですよ。

田淵 なんで辞めちゃったの？

落合 ケガ。

田淵 噂では殴られて、先輩ぶっ飛ばして辞めちゃったとか。

落合 いや、1回も殴られてないの。変な噂が立っちゃってね。本当はケガ（※第2章で詳述）。

田淵 俺たちなんか殴られっぱなしよ。だけど、逆に殴られたほうが「この野郎」と思ったね。

落合 殴られて、辞めようと思ったことはなかったですか？

田淵 なかったね、意外と。そういうところの根性はあったな。絶対負けねえぞって。

落合 オレは殴られて、なんでこんなとこにいなきゃいけないんだろうと思って、高校のとき野球辞めてたけどね。

田淵 それで（大学を中退した後）東芝府中に行ったでしょ？　なんで？

落合　仕事するためですよ。電力システム制御部電力配電盤課っていうところに配属されたのよ。
田淵　そこからプロに入る経緯は？
落合　ドラフトですよ（１９７８年）。
田淵　スカウトは誰か来たの？
落合　社会人４年目のときに10球団来て、ドラフトかかるかな、と思ったら空振りでね。次の年は、25歳だからもうないなと思ってたのが、３位で指名されたんです。
田淵　ロッテには全然、違和感なしで入った？
落合　指名してくれたんだったら、どこでも入ろうと思ってたから。
田淵　「俺はプロ野球で銭もうける」って思って入った？
落合　いや、そんな生やさしい世界ではないだろうと思ってた（笑）。田淵さんの年（１９６８年ドラフト）は、豊作ですよね。
田淵　あの年は、10球団の１位がすぐ一軍だね。山本浩二（法政大↓広島）、富田（勝／法政大↓南海）、私（法政大↓阪神）、有藤（通世《みちよ》／近畿大↓ロッテ）、星野（仙一／明治大↓中日）、東尾（修／箕島高↓西鉄）、山田（久志／富士鉄釜石↓阪急）……。
落合　大橋（穣《ゆたか》／亜細亜大↓東映）さんもそうだよね。

田淵　自分はさ、阪神なんて全然、名前聞いてなかったわけよ。巨人だと思ってたよ。王（貞治）さん、長嶋（茂雄）さんと一緒にできると思いきや、ふたを開けたら「あなたは阪神タイガースで」って。

落合　阪神、熱心に勧誘に来ました？

田淵　１回もない。

落合　あっ、１回もなしで？

田淵　１回もない。名前知ってるのは村山（実）さんと江夏（豊）しかいない。大阪なんてこれっぽっちも頭になかった。もう〝時効の時効〟の話だけど、ドラフト中に俺、裏で川上（哲治／当時の巨人監督）さんに会ったんだよ。「田淵君、君に（背番号）２番を用意してあるから、〝ぜひ来てくれ」って言うから、「はい！」って。それが一気に逆転して阪神に行ったんだ。だから入り方はオチと違うよな。

落合　どうしても一番で獲りたいっていう選手では、オレはなかったわけよ。

田淵　高校、大学と、あまりネームバリューがなかったっていうこともあるけどね。

▼「ぶっちゃん、ミット動いちゃダメだよ」

落合 あの年、星野さんもジャイアンツって言われてましたよね？

田淵 フタマタかけてたんだろうな。

落合 え？

田淵 星野は星野で、巨人から「頼む」っていう話はあったらしいんだよ。ところが、（実際には）巨人の指名は武相高校（神奈川）の島野。

落合 島野修（巨人→阪急）さんね。

田淵 「ブレービー君」っていうのをやってた島野ね（※島野は現役引退後、阪急ブレーブスのマスコットの〝中の人〟として活動）。だから星野も、自分は巨人に行けると思ってたんじゃない？　ところが指名されなくて、中日が指名してくれたから。お互いにこんちきしょうっていう気持ちでプロに入ったわけよ。我々、そういういきさつがあるから燃えたんだよ。

落合 あのときのドラフトだけは鮮明に覚えてるんだ。法政の三羽烏《がらす》でしょ？

田淵 そうだよ。富田、山本浩二とね。あと主力になったのは星野、有藤。オチは有藤と一緒に（ロッテで）やってるでしょ？　あのときサードやってなかった？

落合 有藤さんがケガしたときだけサード守るって感じ。
田淵 そうか。なんでセカンド行ったの？
落合 セカンドだけ穴あいてたの。それで、やったこともないようなポジションなのに、やらされて。
田淵 えらいユーティリティプレーヤーだったんだな（笑）。外野はないだろ？
落合 やったことないです。
田淵 俺はやったよ、外野もファーストも。王さんとホームラン王争いしてるときに、キャッチャーやらないで、外野に回されて。シーズン終盤ね。
落合 でも、やっぱり〝キャッチャー田淵〟っていうイメージのほうが強いけどね。
田淵 だけど俺は、野村（克也／元南海ほか）さんみたいに〝生涯一捕手〟というわけじゃないから。
落合 それ（捕手以外での出場が増えたの）は西武に行ってからでしょ？
田淵 そうそう。だけど、当時の村山さん、江夏という球界を代表するピッチャーとバッテリー組んだっていうのは、良かったかもしれないね。
落合 やっぱり、いいピッチャーはいいキャッチャーを育てるって言いますもんね。
田淵 今でも忘れないのは、江夏がキャンプでね、ブルペンで2時間ぐらい投げるのよ。

で、受けてたら、「ぶっちゃん、ミット動いちゃダメだよ」と。速くて……。

落合　江夏さんって、やっぱりすごかったですか？

田淵　あの当時、何キロぐらい出てたかな。１６０は出てたやろ。

落合　おそらく出てたと思うけどね。

田淵　学生の頃ってそんなに速いピッチャーいないから、動かさずに捕れてたのよ。江夏に「ぶっちゃん、ストライクがボールになるよ」って言われて、ちくしょう、俺より二つ後輩なくせにと思いながら、宿舎帰って、鉄アレイで二の腕を一生懸命に鍛えたの。それがホームランにつながったよ。

▼右脚はエンジン、左脚は舵

田淵　今思えば高校３年のとき、（茨城県の）石岡で合宿して、雨が降る中ランニングして風邪ひいて、２日間休んだんよ。それで３日目に出ていってバッティングしたら、力が入らないの。力は入らんけど、ボールがぶつかる瞬間だけ力入れればいいなと思ったら、打球が飛んだんだよ。もともと王さんも俺も、懸垂とか腕立て、できないからね。構えて、当たる瞬間しか頭になく、ぱーんって振ったらボールが飛んでホームラン。それが始まり。

落合 コツをつかんだっていうことですよね。

田淵 そうそうそう。風邪ひいたおかげで。

落合 オレの中ではね、プロ野球、何百人、何千人っている中で、ただ一人なんですよ、ホームランバッターって認めてるのは。田淵さんだけなんだよ。

田淵 オチ、頼むけどさ、これ（左手の平の上で右拳を回す＝ゴマスリのジェスチャー）やらないでよ。

落合 これじゃなくてね（左手の平の上で右拳を回す）。天性のホームランバッター。

田淵 そう言われたら大変うれしいけどね。

落合 打球の角度といい、放物線といいね。あれは人には真似できないものだから。

田淵 昔、佐々木信也さん（元高橋～大映～大毎、のちに『プロ野球ニュース』司会者）が「素晴らしいアーチを描くホームランバッター」って言ったのは聞いたことあるけど。自分はオチみたいにさ、三冠王を3回も獲って、左にも右にも打って、ヒットは打つ、ホームランは打つっていうような技術はなかったから。頭の中で、センターから左にしか俺は打たないっていう感じでやってた。

落合 それがホームランバッターのイメージですよね。両方に振り分けるっていうようなイメージは、昔のホームランバッターはないからね。

田淵　左腕でボールを拾って左中間に持っていくっていうのが、理想のホームランを打つ形だと俺は思う。体重は右脚に残して、右脚中心で打つっていうか。右脚がエンジンだとしたら、左脚は舵《かじ》。簡単に言えば、弓を引けば引くほど、矢は飛ぶわけよ。捕手側に引く力と、投手側に出す力っていうのは、その最たるものなんだよ。

落合　うん。それで中心で回るっていうね。

田淵　人間の「人」っていう字があるじゃん。それに頭をつけたら、理想のバッターの形になるの。人じゃなくて、入り口の「入」っていうのは、まったくもうノーセンスなの（右打者を後ろから見た場合）。だから横から見てるとき、俺はよく「このバッターは頭が出過ぎだ」とか言ってた。けど、理論を言わせたら、あなたには勝てません（笑）。

落合　いやいやいや（笑）。

田淵　だけど今、大谷（翔平／ドジャース）しかり、村上（宗隆／ヤクルト）しかり、我々には想像できない〝飛ばし屋〟がたくさん出てきたじゃない。オチ、ああいうバッターをどう思う？

1976年、阪神時代のバッティング

落合　彼らは彼らなりに数字残してるからね。そのままでいいんじゃないかと思いますけどね。

田淵　我々の時代の理論と今の理論、どう違うんや？

落合　まるっきり違う。今はコーチが理論を教えないんだろうと思う。昔のバッターはみんな、足を引いてきたらヒッチ（手を投手側へ動かしてタイミングを取る動き）しましたよね。でも今のバッターって、構えて足を上げるとき、手も一緒に上がってくるでしょう。

田淵　なんで？

落合　わかんない。だから体が割れない（※「割れ」とは腕が捕手側へテイクバックする際、下半身はすでに前へ動き出している状態のこと）。

田淵　今は本当、割れないね。だけどさ、いろんな性格の人がいるじゃん。合う人も合わない人もいる。俺も阪神と楽天でコーチしたけど、強制は絶対できなかったな。

落合　でも、ヒントは与えてやらなきゃって思います。それで自分で、どっちがやりやすいのかを考えてやればいいんだろうけども。

田淵　オチは小学校とかの野球教室、行ったことある？

落合　オレは子供の野球教室は一切行かないです。

田淵　なんで？

落合　一日だけの仕事じゃないですか。そこでプロの人がしゃべったら、次の日から残された監督の言うことを誰も聞かなくなるっていうのがね。

田淵　俺は野球教室に行ったときにね、「君たち、雨が降ってたら、傘をどうやって差す？　ここで構えるのが一番いいんだよ。あとは左手をつけりゃいいんだ。それと、校長先生が朝礼しているときに『休め』って言われるだろ？　この足の幅で立ってるのが一番楽じゃないの？　そうやってバッティングフォームっていうものが出来上がるんだよ」っていうのを教えたことがある。なんでも自然だよ。

あとは外野の守備で、下手くそがいたの。俺、時計を外したの。「これは１００万円の時計だ」ってウソついて。「１００万円の時計を放るから。絶対落とすなよ」って、放ったんだよ。安い時計だけども（笑）。そしたら、目をこんなに（めいっぱい）開けてさ、捕ったんよ。「これなんだよ。集中力で、捕ろうという気持ちになれば捕れるだろう」って。笑って帰りました。人間、おだてたらなんでもできる。これも野球教室で、あるピッチャーの人が小学生を教えてるのを聞いてたんだけど、「おまえ、なんでこんなことできないんだよ」って言ってて。うわーって泣いて帰っちゃった。

落合　できないから聞いてるんだよってね。

田淵　それはないだろうって。ダメなんだよ、小さい子にそんなこと言っちゃ。

▼〝ケガのデパートマン〟

田淵　俺、自分がスランプになったときね、落合のバッティングを見て、真似したことがあるんだよ。
落合　えっ、そうなんですか？
田淵　ということは、すり足なんだよ。すり足で、俺はバットをこう（捕手側に引いて）構えてたけど、こう（顔の前で）構えて待つようにしたらね、ボールがよく見えるんだよ。そして良くなったら、また自分のに戻す。〝神主打法〟ってよく言ってたけど、あれはやっぱり、理論が合ってるよ。だけど、なんで3回も三冠王獲れたの？
落合　えっへっへっへ（笑）。
田淵　8人しかいないんだよ、三冠王。それを一人で3回も獲ってるの。オチはそんなに足速いわけじゃないでしょ？
落合　速くない。内野安打なんてほとんどないもん。
田淵　それで3割以上打って、40本打って、左にも右にも打って。あなたの長所はどんなとこなの？

落合 オレは逃げながらボールつかまえてたから。

田淵 逃げながら？

落合 頭。

田淵 頭の話を言い出したら、俺はもうなんでもしゃべるよ。ぶつかったんだから。

落合 田淵さんの頭にぶつかったの、強烈に覚えてるのは、草薙球場（静岡）。西武のとき、ロッテの梅沢（義勝）っていうピッチャーがヘルメットの（正面の）マークのとこに当てて。なんでこんなとこに当たるんだろうと思ったの（笑）。耳のあたりとか後ろに当たるのはわかるんだけども、マークですよ。

田淵 普通はこう（捕手側に顔を引いて）よけるよな。俺は「よけ方が下手」ってよく言われたけど。

落合 ほんと下手だった（笑）。

田淵 だから〝ケガのデパートマン〟だよ、俺は。外木場（義郎／元広島）さんに当てられて死にかけて、あと新浦（壽夫《ひさお》／元巨人ほか）にぶつけられて。2回ぐらい鼓膜破ってる。あのとき耳付きのヘルメットができたんだよ。オチ、かぶらなかったでしょ。

落合 オレ、かぶらなかった。

田淵　当時の人は「違和感あってダメだ」って言ってたもん。

落合　でも田淵さん、頭に当たってなかったら、どこまで打ったかわからないですね。

田淵　16年やったけど、だいぶ休んだもんね。手首のデッドボール、頭のデッドボール、足の骨折……。昭和58（1983）年はホームランと打点と、そのままいけば二つ獲ってたよ。柳田（豊）っていう近鉄のピッチャーが左手首に当てて骨折して（7月13日・近鉄戦）。1ヵ月後に門田（博光／当時南海）にホームラン抜かれたのよ。それで日本シリーズ間に合うかな、どうかなって言って、なんとか間に合って（10月に戦列復帰）優勝したんよ。だけど、やっぱりオチみたいに、いいよけ方とか見逃し方とか、基本ができてたらケガしないよ。デッドボールで骨折したことないやろ。

落合　ある。左手の甲。中日の野口（茂樹）にぶつけられた。

田淵　（復帰まで）どのぐらい？

落合　1ヵ月。

▼いいときは点で打つ。悪いときは線で打つ

落合　田淵さん、バッティングで、目線ってどこに付けてました？　例えばインサイド

で目付けするとか、アウトコースに目付けするとかっていうことはなかったですか？

田淵　あんまりインサイドに目付けっていうことはない。

落合　ああ、だからデッドボールがあったんですね。オレはインサイドにしか目付けしてなかった。当時の野球って、「頭、行け～！」の時代だったからね。

田淵　俺、いいときはね、点で打つ。悪いときは線で打つ。ピッチャーが投げるやろ？　悪いときはボールを離したところからずーっと線で見てるけど、調子がいいときはボールが来るところを待ってる。

落合　線で引っ張ってくるときと、点でとらえるときがあったんだ。

田淵　両方持ってた。調子いいときは、例えば堀内（恒夫／元巨人）のカーブだったら「ここに来るな」っていうところに目付けしてた。目線を動かさないで、ここに落ちるなって見てる感じ。逆に悪いときは、線でなぞるぐらいの気持ちで見てた。

落合　オレは線で引っ張ってきてたから。その線に合わせてバットが平行に出ていって打つ。「点で打つ」っていうような打ち方ではなかった。

田淵　わかる、わかる。だから三冠王なんだよ。ヒットも打てるし、ホームランも打てる。だってオチはバットよく振ったでしょう？

落合　振りましたよ。

田淵　俺、振らなかったんだもん。好対照だよ。

落合　だから天才って言われるんじゃないですか（笑）。

田淵　俺、マメできたことないんだよ。それで野村さんに言われたんだよ。「おまえは長嶋型だ。俺は王型だ」って。「なんでですか？」って言ったら、「長嶋はな、後楽園（球場）の鏡の前でな、構えるだけで振らないでな、『よし、これだ』ってホームラン打ってくる」って。俺もそれ、真似してやったらホームラン打ったんだよ（笑）。

落合　えっへっへっへ（笑）。

田淵　今思えば、落合がそばにいたら俺も真似してただろうな。俺は王さんと長

嶋さんの真似したのがきっかけだから。最初、王さんの真似して、足上げた。「なんであの人、足上げんの?」って。(そうしたら打球が)飛び出したよ。で、今度は俺がキャッチャーやってて、長嶋さんの後ろでミット構えてたら、息遣いがものすごい荒いわけよ。後で「なんで息荒いんですか?」って聞いたら、「田淵君、ピッチャーが投げるときはね、息を吸うんだよ」と。「吸って、自分のポイントまで持ってきて、打つときにはハーッ!って力入れる」。それを教わった。

落合 オレは(別の人から)逆のこと教わったけどね。「構えてるときに息を吐きなさい。それで打つときに息を止めなさい」って。吸うっていう動作は一切なかった。

田淵 俺は意外と、それをやったら、「ああ、なるほどな」っていう感じはしたよ。

▼山内一弘さんの打撃論

田淵 ロッテで優勝したとき、監督は誰?

落合 山内(一弘)さん。前期(優勝)2回ね。

田淵 山内さんの打法、教えてもらったことあるでしょ。

落合 あるある。オレ、拒否した。ぶん殴られるの覚悟で(笑)。

田淵　なんで拒否するの？

落合　「できませんから、もう教えないでください」って。1年目に。

田淵　すごい性格しとるね（笑）。プロに入ってこれから稼がなきゃいけないのに、そんなこと言っちゃ出られないじゃん。

落合　だからキャンプはほとんど二軍暮らしだった（笑）。ところがね、4年目、5年目になったら、山内さんから教わったこと、全部自分が吸収してやってた。

田淵　俺、阪神時代に山内さんがコーチやってくれて、3年やったんだよ。インサイドの打ち方。何言ってるか全然わかんなかった。

落合　オレも理解できなかったもん。

田淵　普通そうだよな。バットを「押す」なんていう言葉、ないやん。お相撲さんじゃあるまいしさ。「振る」じゃん。あの人は「押すんだ」って言うんだよ。その代わり、腰を早くひねって、肩は残して。ゴルフで言えばバンカーショットよ。こういう感じで（バットを投手側に押し出すように）打つんだ、って。わかんなかった。

落合　で、「バットは、どこで持ってるんだ？」「手だろ？　手で持ってるだろ？」って。それで「手は腕の一部だろ？」「だからバットをね、腕の延長で自由自在に扱えるように手を使いなさい」っていうふうに言われた。こうだろう、こうだろう、こうだろう、

こうだろう、って(高い球、低い球、外角の球、内角の球へと順番に当てるようにバットを動かす)。うまいことやるんだわ、あの人は(笑)。

田淵 俺も同じこと聞いたよ。

落合 それで「胴体っていうのは体の一部だから、回そうと思ったら、腰はすぐ回る」「そうすると手が遅れて出てこない。だから目の前に手を出しなさい。手を先に出しなさい。そこからでも腰は回ってくるからね。遅くないから」って。(1年目当時は)理解できないんだわ、これが(笑)。

田淵 俺はあるとき、左ピッチャーのボールがインサイドに来て、腰を回して、こういうバッティングしたら(バットを押し出すように振る)、ボールがフェードしてきたんよ。(いつもなら)左方向に流れてファウルになるやつが、右に曲がってフェアゾーンに入ってきたの。ああ、これを言うんだなと思ったよ。

落合 で、ライト側に行くやつは、フックかけるとかね。散々練習しましたよ。

田淵 ライト側にフックかけるっていうのは、キューバのバッターの理論でも聞いた。「流すんじゃない」って。

落合 ヘッドを立ててるんだよね(右手を叩くように動かす)。

田淵 そう。でもそんなこと、「はい、聞きました、できました」とはいかないわけよ。

落合　でも練習ではできた。
田淵　練習でできたら、本番ＯＫやん。
落合　いや、本番になると、やっぱり自分の我が出ちゃうから。

▼「なんやこれ、ウソつき！」

田淵　入団1年目のとき、大洋ホエールズ（現・横浜ＤｅＮＡベイスターズ）戦で1点負けてて、俺が江夏の代打で出て。相手はカミソリシュートの平松（政次）。上段に構えてたよ。で、グッと力入れたらもうボール来てたよ。３球とも。
落合　えっへっへっへ（笑）。
田淵　「なんじゃこりゃ、アマチュアとプロは違うな」と思ったのが第一印象。それから、上段に構えてたバットを落として構えた。次の日にホームラン2本打ったよ。だから俺、平松と出会って良かったんじゃない？　なまじっか知らないやつからボーンって打ってたらわからなかった。オチが入団したのは昭和54（１９７９）年か。
落合　西武の初年度、田淵さんがトレードで入ったときですね。開幕12連敗（笑）。
田淵　それは言わないでいいんだよ（笑）。あのときは苦しかったよ。野村さんもいたんだよ。

落合 知ってる。ノムさんがキャッチャーで、ボソボソって言われたことあるもん。「おまえが落合か～」って。

田淵 俺は阪神時代、南海（現・ソフトバンク）とオープン戦やったとき、「おまえが六大学の田淵か。打たせてやるからな、真っすぐ狙っとけよ」って。なんて優しい選手かなと思ったよ。「はい」って言ったら、カーブ来たよ。なんやこれ、ウソつき！と思ってさ（笑）。それから信用しなくなったけど、やっぱり野村さんは三冠王を獲った名捕手でもあるし、本当のキャッチャーってああいうタイプなんだろうな。俺はしなかったけど、相手の心理を攪乱《かくらん》するために、そういう話術っていうのは持たなきゃいけないなと思ったけどね。

落合 オレは各球団のキャッチャーを分析したからね。オーソドックスな攻め方なのか、インサイドを使ってくるのか、勝負球は何を主に使ってくるのか。分析したから、そんなに嫌いなキャッチャーっていうのはいなかったですよ。必ず傾向が出るもん。外中心なら外中心で、どこかでインサイドを見せても、また外へ戻ってくるとかね。ヤマっ気のあるやつは、インサイドを多めに使ってくるとか、必ずそういう傾向が出てたから。ピッチャーを分析するより、キャッチャーを分析したほうが早かった。

田淵　それと、アンパイアのクセね。インサイドを（広めに）取るか、アウトサイドを（広めに）取るか。ひとつ聞きたいのは、ライト打ち。俺はまったくそういう意識がなかったから。ホームランバッターでありながら、ライトに打てるコツは？

落合　オレの考えは、全部センター。

田淵　基本的にね。

落合　インサイドも外も。センターに打ちにいって、ちょっと早かったらレフト。ちょっと遅れたらライト。だからライトに打ちにいったっていうことは一切ない。

田淵　じゃあ、バットの角度だけだ。

落合　そう。差し込まれたら、センターに行くはずのものがライトに行くっていう意識。

田淵　オチがライトに打ったときのステップは真っすぐだもんな。たまに映像で見るけど、やっぱり腰の切れ方がいいわ。

▼夜中12時に「ホテルに来てくれ」

落合　阪神からトレードになったとき（1978年オフ）って、どんな心境でした？

田淵　あれは人生の中で、やっぱり忘れない。

落合 急にですか？

田淵 急にだよ。あのとき、江本（孟紀《たけのり》／当時阪神）とゴルフ行ってたんだよ、和歌山へ。家に帰って風呂入って、さあ寝ようと思ったとき、12時ぐらいに阪神球団から電話かかってきたの。「今からホテルに来てくれ」って。なんで12時？って思って。

落合 12時に？（笑）

田淵 おかしいだろ？ カメラマンとか記者がいなくて内緒でやれんのかなって、車を運転して行ってホテルに入ったら、記者がたくさんいるんだよ。「なんやねん、これは」と。夜中のさあ、もう寝る時間にトレードの話なんかするチームだったら、俺はもうえぇわと思って。それで即断即決。トレード先がさ、（クラウンライターから西武に代わった）新生ライオンズなんだよ。で、（監督が）根本（陸夫）さんなんだよ。根本さんって、法政の先輩なんだよ。

落合 ああ、そっか。

田淵 根本さんと会って、「田淵、来てくれよ」って。もう二つ返事で「わかりました」って言って、4対2でトレードが決まって、阪神とさよならした。それで西武での1年目、キャンプでアメリカ行ってさ。オーナーの堤（義明）さんに野球愛があって、優勝したいっていう気持ちがあったから、根本さんから3年間で廣岡（達朗）さんに代えた。俺、そのとき、もう野球人生終わりだと思ったよ。

落合　そんなにきつかったですか？

田淵　きついんじゃないけど、イメージ的にさ。根本さんが柔らかかったからね。だけど俺、廣岡さんと出会ったから今日《こんにち》こうやって、やってられるなと今は思うよ。「アメとムチ」って言うけど、歴代の監督で成功してるのは、やっぱりムチが六分、七分だよ。だから俺の中では、名監督の中に川上さん、星野、落合が入るんだよ。アンタきつかったねえ（笑）。

落合　へっへっへ（笑）。練習だけね。練習はきつかったと思う。球団から優勝っていうものを厳命されてたからね。優勝するためには何をしなきゃいけないのかっていうのは、そんなに難しいことではないだろうって。体力をつけて技術をつけて、それで全員が優勝するんだっていう目的意識の中で野球をやれば達成されるだろうっていう、その信念は持ってましたね。

田淵　俺はダイエー（現・ソフトバンク）の監督時代、（順位が）6、5、4で（1990年～92年）、これからっていうときに根本さんに代わったけど。信念あるよ、強くなるチームをつくる監督って。妥協しない。もうひとつはスカウトの目だね。スカウトがいい選手を獲ってくるか、こないか。あとはトレードもあるし。

1978年11月15日深夜、西武へのトレード通告を受けたホテルで報道陣に囲まれる

▼抜け穴はやかんにビール？

田淵　オチの場合は練習は厳しかったと。これは一番。「練習は嘘つかない」っていう言葉があるけど。

落合　「練習は嘘つかない」っていうのは今、死語になってるけどね。本当に結果を残すんだったら、それしかないんだろうと。ほかは何も言ってないよ。門限もなかったしね。オレが監督になったときは（中日は）代々、縛りがきつい時代。シーズン中でもキャンプでも門限あり。そんなもの要らないだろうって、全部なしにした。

田淵　門限なしで、何かトラブルなかった？

落合　なかった。「トラブルがあったら、自分で責任取ってユニフォーム脱げ」っていうことは前もって言ってあるから。次の日の練習までにちゃんとグラウンドに出てくればいいよ、って。

田淵　そういう監督、あんまり聞いたことない。オチしかいないんじゃない？

落合　おそらく門限なしにしたのは、（中日では）オレだけだと思う。

田淵　廣岡さんは、玄米。「肉ダメだ。玄米食え」って。

落合　「酒ダメだ」ってね。それで、やかんにビール入れて飲んでたっていう話は聞くけど（笑）。

田淵 なんで知ってるの？ 誰に聞いた？ 東尾か？（笑）

落合 誰か言ってたな（笑）。

田淵 そうだよ。酒は飲んじゃダメだって言うから、俺と東尾とかベテランがやかん持って「ビール入れとけ」って（※第2章で詳述）。だけど今思えば、（廣岡監督の下で）3年間やってみて、あれが正しかったんだと思うよ。

落合 「管理野球」って言われてましたけどね。

田淵 「管理」って言うけど、そこまで管理じゃなかったからね。やっぱり練習で最初に「えっ」と思ったのは、「ちゃんと相手の胸にボール投げろ」「トスはちゃんとワンバウンドで返せ」。そんなのは基本中の基本じゃん。

落合 ところが、その基本ができていないのが今の野球なんだ。

田淵 そういうこと。廣岡さんはもう毎日、それを言うのよ。これ言われる、あれ言われる。じゃあ、こうやろう。だんだん染まってきた。それで昭和57（1982）年の（廣岡監督の）1年目に（前期優勝し、後期優勝の）日本ハムと（プレーオフで年間のリーグ）優勝を争って、優勝して。近藤（貞雄）さんが監督の中日に（日本シリーズで）4勝2敗で勝って、西武が4年目にして初めて日本一になった。

1982年、廣岡監督の下で西武球団にとっても自身にとっても初の日本一に

落合 そこから黄金時代が始まったよね。

田淵 そうそう。俺、廣岡さんには2月9日の誕生日に毎年、電話してるんだよ。昔話したり。91歳(対談当時)。

落合 もうそんなになるんですか。

田淵 元気やで。いまだに巨人のことボロクソに言うけど。人生っていろんな人に会うけど、そういうプラスになる人と出会うことによって変わるね。オチの人生で、この人と出会って良かったっていうのは、誰なの?

落合 稲尾(和久/元西鉄～太平洋クラブ、ロッテ監督)さんかな。野球やる、辞める……、何回か関わってるからね。

田淵 俺は松永さんであり、廣岡さんであり、根本さんであり。転機のときにいい人と出会ったから、今日まで来たと思うよ。

落合 今だから言えるっていう話だね(笑)。

田淵 まあ、まあ、まあ、まあ。グラウンドにいるときはよく、ボール投げてぶつけたろうか!と思ったよ(笑)。

対談動画はこちらから

02

東尾 修

OSAMU HIGASHIO

東尾 修（ひがしお・おさむ）

1950年生まれ、和歌山県出身。箕島高校から68年ドラフト1位で西鉄（現・西武）に入団。プロ2年目の70年から先発ローテーションの柱として投げ続け、88年に引退するまで697試合に登板（うち537試合が先発）、通算251勝247敗。最多勝2回、最多奪三振1回、最優秀防御率1回。右打者の懐に食い込むシュートを武器とし、通算165与死球は史上最多記録。95～2001年には西武の監督を務め、97、98年にパ・リーグ連覇を達成した

「シュートは怖いんだよ、
ピッチャーも（笑）。だから本当に、
投げ切らなきゃダメなんよね」

西鉄、太平洋クラブ、クラウンライターと球団名が変わった福岡時代、埼玉に移転した西武の創成期。ライオンズを支え続けた鉄腕エースが明かす勝負の心得と、ふたりの〝因縁〟のこたえあわせ。

▼「甲子園へ行こうやないか」

落合　いやあ、会いたかった。何年ぶりですか。
東尾　何年ぶりっていうより、まともに話すの初めてだろ（笑）。
落合　だから何を聞いていいのか（笑）。
東尾　こっちも何しゃべっていいかわかんないもん。
落合　生まれは1950年ですよね。ところがね、オレより3つだけ上なんだけど、10歳くらい違うような感じがするんですよ。オレがプロに入ったときは、東尾さん、もう10年選手だもん。田淵（幸一）さんと同じドラフトでしょ？　だから10年違うんです（※田淵、東尾は1968年ドラフト1位、落合は1978年ドラフト3位）。
東尾　その割には、急におまえ、給料高くなったやないか。
落合　はっはっは（笑）。小さいときってどういう少年でした？
東尾　田舎やから、小学校のときはユニフォーム着たことないもんね。野球は河原とかでやってた程度。オチだってそうだろ？
落合　稲を干す杭《くい》、あるでしょ？　その杭を削ってバットを作ったりしながら。
東尾　俺らは竹バットやった。三角ベースでやったと思う。

落合　だって、四角いダイヤモンドを作って野球やるのはなかったから。中学校は？

東尾　近くの中学校やね。

落合　それで卒業して、箕島《みのしま》高校（和歌山）ですよね。でも資料を読んだら、もともとは平安高校（京都／現・龍谷大平安高）に決まってたとか。

東尾　近くにね、平安高校に行った選手がいたわけよ。その父兄の人が「平安に行かないか？」って。要するに、（平安なら）甲子園に出られる確率が高いやない。だから入試受けて、下宿先も、もう布団も決まってたんだ。

落合　入試まで終わってたんだ。

東尾　私立は（入試が）早いわけよ（※平安は私立、箕島は公立）。公立は遅いから、まだだった。実は、たまたま中学時代、箕島高校の近くで試合してたら、尾藤（公《ただし》）さん（のちの箕島高監督）が自転車で通って見てたらしい。それで（いったん平安に決まった後に）「箕島高校に来ないか」って言われて。
　うちのじいちゃんばあちゃんとか、初孫だから、遠くへ行かせたくなかったのね、本当は。心配だからって。しかも熱心に尾藤さんが誘ってくれて、結局そっちになっちゃった。それが本当の野球の始まりだよね。

落合　箕島高校って、そんなに野球強くなかったでしょ？

東尾　強くなかった。
落合　尾藤さんは何年くらい前から監督をやってたんですか。
東尾　初めて。尾藤さんは近畿大学を中退して、俺が1年生で入学するときに監督1年目なの。同じ1年目やったの。
落合　ああ、そういう縁なんですね。たまたま自転車で通らなかったら、平安高校へ行ってたかもわかんないんだ。
東尾　そうそう。結果どうなってるかわかんないけども、終わってみれば一番いいところを歩いてきて、よかったよな。
落合　甲子園は？
東尾　3年生のとき、初めて春の選抜に出た。準決勝まで行って、大宮工（埼玉）に負けたよ。
落合　でも、準決勝まで行くって大変なもんですよ。1人で投げ切ったんでしょ？
東尾　投げ切ってるね。で、帰ってからはあちこちの強い学校に招待されて試合するのが楽しかったよね。
落合　それまで箕島高校って、甲子園出たことなかったんでしょ？
東尾　ないよ。あのね、口説き文句がよかったの。学校の上のところに堤防があんのよ。

有田川ってところ。そこで尾藤さんが「甲子園へ行こうやないか」とか、そういうことをいろいろ言ってた。

落合 口説き文句でも、本当に3年で甲子園に連れていくって大したもんですよ。

東尾 監督といったって当時22か23歳だもんね。だから一番よく練習した。

落合 じゃあ、スパルタですか。

東尾 いや、そんなに。尾藤さん、その若さの割には、ケツバットだとかああいうのはあまりするなって言ってた。上級生がやってるところに止めに入るぐらいの人。

落合 暴力もなかったですか？

東尾 いや、先輩から、監督がいないときは。そりゃあるよ。

落合 やっぱり。

東尾 でも、そういうのが嫌いな人やった。

▼2週間、東京の街を放浪

東尾 おまえは高校、どこやったっけな。秋田の。

落合 秋田工業です。

東尾　強いの？

落合　オレが入る前、1回だけ夏の甲子園に出たことある。日本石油（現・ENEOS）に入った三浦（健二）さんっていう、甲子園で高知高校の有藤（通世）さんの頭にぶつけたピッチャー（の時代）。

東尾　おまえそれ、イヤミか（笑）。

落合　ふふふふふっ（笑）。いいや（笑）。

東尾　それ言わんでええやろ（笑）。俺がぶつけたことを……（※プロ入り後、東尾は落合に頭部死球を与えた。詳細は後述）。ぶつけたんじゃないわ、当たっただけ（笑）。

落合　ふふふっ（笑）。そのときに有藤さん、ずっと入院してたらしい。それでも高知高校が甲子園で優勝したっていう。そのときの1回戦の相手が秋田工業。

東尾　で、おまえは？

落合　まともに高校野球やってないです。

東尾　でも、野球部やろ？

落合　野球部は野球部。でも7回辞めてる。

東尾　え？

落合　だから、プロで野球やったのは不思議なくらいの経歴の持ち主なんです。

東尾 辞めたの？ 辞めさせられたの？どっち？

落合 辞めたの。暴力事件で。

東尾 殴られるから？

落合 うん。それがたまらなくてね。なんでこいつらに、1年オレより早く生まれたからって、こんだけぶん殴られなきゃいけないんだよって。だから1年と3年のときの甲子園の予選は出てるけども、2年のときは出てない。

東尾 その期間は辞めてたわけ？

落合 辞めてた。

東尾 3年になったら、一番上やから戻ってきたの？

落合 戻らざるを得なかったっていう感じ。

東尾　ふーん。で、高校出てからどこ行ったの？
落合　東洋大学。
東尾　それ、持ったの？
落合　半年。
東尾　そうやろな（笑）。おまえの性格だったら。
落合　はっはっは（笑）。でも、大学では一回もぶん殴られたことはないですよ。
東尾　なんで？　その頃、大学のほうがきつかったじゃない。
落合　部屋長がね、キャプテンだったの。だからそれで守られてたっていう感じかもわかんない。
東尾　部屋子で、かわいがってくれたんだ。
落合　そうそうそう。ただケガをして、治んねえだろうなっていうんで寮を飛び出して。2週間ばかしね、東京の街を放浪してたんですよ（笑）。上野公園に泊まったり、日比谷公園に泊まったり。
東尾　ウソやろ。外に泊まったの？
落合　そう。夏だったから。
東尾　いや、でもいい根性してるよな、そんなところにさ。

落合　2週間で軍資金がなくなって、ちょうど姉が東京にいたから、そこを頼って行って。でも、電話かけるお金もなかった。

▼「ピッチャー辞めさせてください」

東尾　野球へ戻るきっかけは？

落合　東芝府中。20歳になって、（高校の）野球部の部長に「どこか就職するとこ、ありませんか？」って言ったら、東芝府中で臨時工を雇っていると。「どこでも結構です」って、仕事するために入った会社。たまたまそこに野球部があって、野球をやるようになったっていうことですよ。そこから5年間、東芝府中で野球をやって。

東尾　じゃあ、東芝府中では持ったんだ。

落合　持った。職場の環境が良かった。で、25歳になった年に指名されて。ちょうど江川問題（※1978年、巨人がドラフト会議前日の〝空白の一日〟に江川卓と契約した事件。その後の対応を巡り、巨人はドラフト会議をボイコットした）でドラフトが11球団。指名できるのは4人まで。ライオンズが福岡から所沢に来た最初の年。

東尾　じゃあ、俺はもうそのときは10年間やってたんだ。

落合　そうそう。でも、あの年（68年）のドラフトで1位で入るっていうことは、東尾さんは全国的に有名だったんですよね。まして西鉄（現・西武）でしょ？

東尾　俺自身は1位で指名してくると思ってないし。まあ近くやから、南海とか阪神とか、そこらへんで下のほうでかかるかなと。

落合　スカウトって来ました？

東尾　甲子園行って、そこそこ活躍したからって来てたらしいんだけど、尾藤さんは一切言ってくれなかった。だから全然知らなかった。まさか1位とは思わなかった。

落合　あの年のドラフト1位っていうのは、錚々たるメンバーですよ。

東尾　今思えばすごいメンバー。一番印象に残ったのは山田久志さん、福本（豊）さん、加藤秀司《ひでじ》さんっていう3人、その年に阪急（現・オリックス）に入ってるの。

落合　山田さんが1位。

東尾　山さんが1位。あとは有藤さん（ロッテ）に仙さん（星野仙一／中日）だとか、田淵さん（阪神）、（山本）浩二さん（広島）、富田（勝）さん（南海）、大橋（穣）さん（東映）。すらすらと出てくる。すごい選手ばっかりやった。

落合　その年、新人王獲ったのは誰ですか。パ・リーグで。

東尾　誰だろう。忘れた（※69年パ・リーグ新人王は有藤通世）。

落合 自分じゃないんですね（笑）。

東尾 俺なんか……何を言うてんの！ あのね、キャンプだって島原（熊本）でやるわけよ、寒いところで。当時、稲尾（和久）さんがまだ現役やからね。1年間だけ。

落合 （故障で）投げられなかったっていう。

東尾 そう。ちょっと肩壊してた。「稲尾さん」って聞いたら、うわっと思うやない。でも、ボール見たら遅いわけよ。で、池永（正明）さんもその前3年間ぐらいずーっと投げてて、ちょっと肩を痛めてたんよね。お灸を据えてやってた。でも、やっぱりほかのいいピッチャーってすごかったよね。だからキャンプの途中で「ピッチャー辞めたい」って言ったんだもん（笑）。

落合 周りを見てですか？

東尾 うわー、これはダメだと思った。スカウトと二軍のコーチの人に言いに行ったのよ。「ピッチャー辞めさせてください。打つほうにしてください」って。打つほうが好きやったから。

落合 だいたい昔のピッチャーって、みんな打つのを得意としてたもんね。エースで4番っていう時代ですからね。

東尾 池永さんは（プロでも）7番とか打ってたよ。

▼シュートを投げるのは怖い

落合　「ピッチャー辞める」って言って、なんで思いとどまったんですか。

東尾　思いとどまったというより、一応ドラフト1位で入ったから「今年は我慢してやっとけ」って。それでその年に〝黒い霧〟、あったよね（※黒い霧事件：1969〜70年に球界を揺るがせた野球賭博騒動。西鉄の4選手が永久追放処分となったが、池永は2005年に復権）。そういうことが起こって、2年目に入るときにピッチャーがいなくなっちゃった。これはちょっと申し訳ないんだけど、自分にとってはものすごく……。

落合　チャンスだよね。

東尾　チャンス。1年目は1勝もしてないし（0勝2敗、防御率8・40）。それが、2年目はボンボン投げさせてくれるわけよ。中2日、中3日ぐらいで。そんなにスピードもないし、技術もないから、ものすごく負けてるのよ（11勝18敗、防御率5・15）。じゃあ、どうしようかって。その経験が一番良かったよね。何かせないかんと。

落合　どうやったらこのバッターを抑えられるかっていうことだけを考えますますもんね。

東尾　うん。だからいろんなことを工夫するように、自分で考えるようになって。負けて財産になってた。

プロ2年目、1970年(西鉄時代)のピッチング

落合　負けてしょんぼりするんじゃなくて、なんで負けたんだろう、なんで打たれたんだろうっていうね。それを考えられるピッチャー、野手っていうのは大成すると思います。そこでへこんじゃうと、ずるずる落ちていっちゃうんだろうと思うしね。

東尾　へこむよりも、どうしたらいいかっていう、その方法と意欲は強く持たないと。「これだけ投げさせてくれてるんだから」って。それに伴って、稲尾さんが監督で、俺は池永さん大好きやったから、（処分を受けた後も）一緒に走ったりなんかして。河村英文さんっていうコーチもいたんやけど、そういう人たちがいろいろ教えてくれたからきっかけができて、こうしたらいいんじゃないかって、だんだんわかってきた。

落合　何かアドバイスはありました？

東尾　一番簡単に言えば、池永さんの持っている気持ちの強さ、ハート。稲尾さんは優しい人やから、きめ細やかに教えてくれる。河村さんはシュートピッチャーだったんで、シュートを教えてくれる。やっぱり、シュート投げるって怖いよね？

落合　うん。懐に入ってくるボールですからね。

東尾　ごめん、ホント怖いんだよ、ピッチャーも（笑）。だから本当にね、それを投げ切らなきゃダメなんよね。こっちはそんなにボール速くないし、カモになりたくないし。ただやっぱり「投げろ、投げろ」って言ってくれないと、まだそんなに、なかなか投げられないわけ。3年目ぐらいからかな。

落合 ある程度、コントロールがつき始めてからでないとね。

東尾 そう。高校から入ったら、コントロールって言っても知れてるやない。気持ちを強く持っとかないと放れないやない。先輩の、いいバッターに向かっていくには。

落合 一番感化されたピッチャーって誰ですか。

東尾 それは池永さん。

落合 やっぱり。あの人、ぼんぼんインコースに行ったらしいもんね。

東尾 面白かったのはね、野村（克也）さんに聞いた話。池永さんとの対戦のとき、キャッチャーに文句言ったらしい。「若造が偉そうに、インコースにどんどん放ってくる」って。で、池永さんがマウンドから降りてきて、キャッチャーの人に「野村って人、何言ってんだ？」。で、ノムさんは「あいつは生意気だ」って言って。池永さん、次の1球、わざと足元へ投げた。ノムさんが飛び上がって逃げる。ノムさんが飛び上がるって珍しいんですよ。

落合 はっはっは（笑）。

東尾 その次に、今度はインコースにビャーッと。ひっくり返ったわけよ。で、もう一球インコースでスリーボールにして、そこからストライクゾーンに投げた。それでノムさんが「あいつはからかったらいかん。何してくるかわからん」って言って、大笑いしたんです。本当にそれだけの人やったです、池永さんは。

落合　主力のバッターはある程度守られていたっていうのがある時代だからね。「ぶつけちゃいけない」とか。危険球の制度はなかったけども、「ぶつけて退場させるわけにはいかない」っていうのは、よく審判から聞きました。「お客さんはこの選手を見に来てるんだから」っていうようなことを。

東尾　そういうのを見てたから、強い性格を持たなきゃこの世界ではダメかなって感じたし。負けて始まってるからよかったよね。弱いチームで、負けて負けて、どうしなきゃいけないかっていうのを一生懸命考えたから。

落合　1回、稲尾さんにぶん殴られたことあるって、本当ですか?

東尾　そう。ボロボロに打たれて。

落合　あの稲尾さんが。

東尾　難波球場(大阪球場)で南海とのシーズン最終戦をやって、旅館へ帰ったわけよ。俺より一つ上の河原(明)っていうピッチャーがいて、俺がいて、サイドスローの柳田(豊)がいたの。監督の部屋へ呼ばれて、正座させられて。一番先輩の河原さんからパシャーン!　今度、俺、パシャーン!　そのあと柳田、パーン!だよ。で、今度は反対

勝利投手となり稲尾監督に迎えられる（1970年）

側（右頬）から、柳田からパシャーン！　次はまたこっち側（左頬）から、その次はこっち（右頬）、と叩くんです。河原さんと柳田はおとなしく下を向いてたらしいんだ。でも俺はカーッときて、クッとにらみつけてたんだ。それをあとで稲尾さんによう言われた。「おまえだけはにらんできたな」とかって（笑）。最終戦で、3人に期待してたわけよ、稲尾さん。監督1年目でね。で、3人そろってボロボロに打たれたから、正座させられて殴られた（笑）。

落合　そんな短気なところがあったんだ、あの人にも。

東尾　心を鬼にしてやったんじゃないの？　優しいから。

▼審判に練習を見せることの意味

落合　二桁勝つようになったのは3年目からですか？

東尾　2年目に11勝したけど20近く負けて。3年目は8勝で16負けて。4年目は18勝したけど、やっぱり負けは25よ。だからどうしたら勝てるか、一番考えた。オチだってそうじゃない？　どうしたら打てるかって。

落合　一生懸命考えた。だから、人がしないような練習までした。

東尾 そういえば、（バットを持って）体の真正面に……。

落合 そうそうそう。ベースの上に立って、マシンから来るボールを体の正面に。オレ、どうやっても右の肘がね、背中に入るクセがあるの。

東尾 入ったら悪いの？

落合 入ったら、（体の）左側を開かないと手が出てこないから。そうするとバットの起動って遅れるでしょ。これをどうやって直すかっていうんで、目の前から来るボールに対して、右肘を（体の外側に）出さないで、ここ（右胸付近）に置いといて、ここからそのままパーン！　パーン！とマシンのほうに目がけて。

東尾 あれは衝撃的だった。あれ、（映像を）よう見てた。

落合 あれ、ほかの人がやると肩入れちゃう。

東尾 左肩を？

落合 （左腕を右側に引く動作をしながら）左の肩を入れて、こうやって（スイングする動きをしながら）打つから理にかなってない。だから左の肩をそのままにしておいて、ここ（右胸付近）でヒッチ（上下動）してボールを待って、右肘が外（背中のほう）に入らないように。そうしたらここ（体の前）へバットって出てくるから。その練習は嫌っていうほどしました。

東尾　それは自分で工夫というか、ヒントがあったの？

落合　山内（一弘／当時のロッテ監督）さんに「やってみろ」って言われた。言われたけども、山内さんのときはストレートマシンだったの（笑）。それはとてもじゃないけど危なくて、80キロ、90キロくらいのカーブで。でもほかの人にやらすと、やっぱり体にぶつけるんだ。「こんな危ないことはやれない」って。

東尾　ぶつけるって、打ち損なって体に当たるってこと？

落合　そうそう。あとはキャンプでバッティングのときに、審判が来るでしょ。「キャッチャーどけろ」って言って。「審判、ストライクかボールか、ここ（ホームベースの後ろ）で座って見ろ」「絶対空振りなんかしないから、信用してそこにいろ」って言って、やったこともあるしね。

東尾　俺も審判に対してはある。キャンプで、俺の牽制《けんせい》のこと言うわけよ。「ボークや、肩が入ってる」って。「違う。おまえ、よう見とけ。肩は止まったままや。（左肩を体の内側に）入れてはいない」と。そしたらその審判は、「先に下（左足）から動いたら、ここ（左肩）が入ったように見える」と。だからその審判を、キャッチャーの後ろと、一塁のところに立たせて、「俺の牽制球はボークじゃない。肩が入ってない」と植え付けさせたの。

なぜかというと、福本さん！ 邪魔者がいたんだ（笑）。本当に頭へくるんだ、あの人が。チョロッチョロ、チョロッチョロして、いつ走ってくるかわからんからイライラすんのよ（笑）。だから、どうやって走らせないかって工夫したのは福本さんのおかげよ。牽制球がうまくなったのは。

福本さん、一塁側のベースの後ろから撮ってるんだもん、ピッチャーのクセを見るために。その映像をずーっと見て研究してんだもん。で、福本さんがミズノの会合でペロッとしゃべったのよ。酒飲んでちょっと酔っ払ってたんだけど、「おめえのクセわかる」と。「え？ なんなの？」って聞いたんだわ。そしたら「おめえ、こうなってる」って言うからさ、次の年のキャンプから全部それ練習してたんだもん（笑）。

落合 福本さんも唯一、神部（年男／元近鉄、ヤクルト）さんだけは（クセが）わかんなかったって言いますよね。

東尾 ああ、神部さんはわかんなかった。

▼これまでのことが走馬灯みたいに……

東尾 オチに対しても、三冠王獲ってた頃なんか、一番どうしようかと思うやん。三冠王獲るっていうことは、この状況で打点が欲しいのか、ホームランが欲しいのか、ヒットが欲しいのか。そればかり考えた。そこらへんがちょっと難しかったな、あのときは。

落合 基本線は真っすぐしか待ってなかったですね。真っすぐに振り遅れなければ、変化球はどうにでも対応できるっていうね。

東尾 ただ、投げるほうとしては、落合は何を基本に狙ってくるんだろうかって思ってた、いつも。「このケースは引っ張ってくるかな」とか。

落合 一番大事にしたのは最終打席。

東尾 引きずらないように?

落合 フォアボールでもいいやっていう。それまで3打数0安打でも、4-0になるか、3-0のままで終わるかっていう、その最後の打席を一番大事にしてました。無理に打ちにいって凡打して4タコで終わるよりは、3タコで終わって次の日のゲームを迎えたほうが準備しやすいっていうようなね。

東尾 当時、チームはあんまり強くなかったよね。

落合 でも、オレが入って2年目(1980年)、3年目(1981年)はロッテが前期優勝してたんですよ。山内さんが監督のとき。で、1年目(1979年)は西武が開幕12連敗したときですよ(笑)。

東尾 所沢に来たときやろ？ まあ、みんな練習ではボンボン飛ばすけど、試合になったらスッとなっちゃった（笑）。

落合 根本（陸夫）さんの（監督）1年目ですよね。

東尾 根本さんは九州（クラウンライター）のときから監督やって、所沢に来てから3年間やったね。

落合 で、4年目から廣岡（達朗）さんに代わって、管理野球ですよ。やかんですよ、い、い、やかん（笑）。

東尾 田淵さん、言ってた？

落合 ええ、その話、前から聞いてたもん。

東尾 キャンプで旅館の冷蔵庫、全部撤収よ。で、田淵さんが知り合いのところから、ちっちゃい冷蔵庫をコソッと昼間に入れてくれたわけよ。それでビール冷やして、やかんに入れて食堂まで持っていくわけ。

落合 廣岡さん、知ってたんじゃないの？

東尾 知ってたかもわかんないけど……。監督、コーチは一番上座に座って、俺と田淵さんは一番下座の遠くのほうに座る。普通のグラスじゃビールってわかるから、湯飲み茶碗にそーっと入れて、ゆっくり飲まないと。ビールやけど、クッと飲むわけにいかんから（笑）。いろいろ抜け道探しながらやってたよ。

落合　でも、それが良かったのかどうかわかんないけど、優勝したもんね。

東尾　そうだよね。田淵さんも俺らも、（廣岡監督に）本当にボロクソに言われて。その反発っていうか、なにくそっていうところ。プライドもあるし、いい歳になってるし。要するにベテランの選手でも、若い選手と同じ練習やらされてたから。最初はちょっとしんどかったよね。

落合　だって、玄米でしょ？　よく西武の選手から聞いたもん。

東尾　そう。玄米食べられないよ、硬くて。あと「肉食うな」って言われた。

落合　勝つためには何をしなきゃいけないのかっていうんで、手を打ったんでしょう。でも本人は遠征へ行くと「肉食って、寿司食って、しゃぶしゃぶ食って、このローテーションだった」っていうような話は聞いたことあるけど。「廣岡さんはそれで痛風になったんだ」って（笑）。

東尾　そうそう。（1985年の三度目のリーグ）優勝のときに来れなかったんだ、痛風になって。あんまり廣岡さんのこと言うたら、また……。

落合　いやでも実際、本当の話だから（笑）。本人、苦笑いしているかもわかんないけどね。福岡から所沢に来たときって、どんな感じでした？

東尾 最初、チラチラッと噂が出たときに、ええっ？と思ってて、決まった後、「所沢？」「西武？」って。全然知らなかった。ちょうど福岡に家を建てた後だったんだよ。結局、俺は単身赴任で行ったわけよ。

落合 そうでしたか。

東尾 で、どこに住もうかと。皆さんは所沢の近くに住んだわけ。俺は、所沢ではちょっと晩メシ食えないなと思って（笑）、目白（東京）に住んだのよ。一人で気楽なときもあったけど、苦労したな。まだ若かったから。

落合 11年目に所沢だからね。まだ20代ですよ。

東尾 でも、そんなに長くやると思わなかったのよ（※西武球団になってから10年間プレー）。昔の野球選手の寿命は長くて13〜14年、その程度やったし、西武になって強くなるとも思ってないし。それが30歳過ぎてから強くなって。逆に20代はチームが弱くて、自分が投げて抑え込んで勝てるっていう自信もあったけど、だんだんピッチャーとして落ちてきたときに西武が強くなって、打つほうが助けてくれたり、チーム力ができてきたり。

落合 西鉄、太平洋クラブ、クラウンライター時代で苦労して、西武になって花が咲いたっていうことですね。

東尾　そうだな。だから西武ではいい思い出しかないんだけど、（1982年に）中日と初めて日本シリーズを戦って、日本一になった瞬間が一番やね。あのとき俺は中抑えをやってて、あと1アウト取れば決まるってときにマウンドにいた。5点差で勝ってて、みんながベンチから出ようとしてるときに、わざと長く持ってたわけよ。田淵さんが一番出ようとしてて、俺に「早く投げろ」って。「ハハッ、投げん投げん」って、じーっと持って。自分だけ一人、これまでのことが走馬灯みたいにぐるぐると……。たった20秒、30秒だけど、あのときが一番うれしかった。そういう意味では、自分で勝ったときもあれば、野手に助けられたときもあって、両方味わったよね。

落合　250以上勝ったピッチャーって、そうはいないんですから（通算251勝／歴代10位）。

1982年、西武球団初の日本一を田淵と共に喜ぶ

▼最近は猫も杓子もセットポジション

落合 マウンド上がるときって、どうやって上がりました？

東尾 最後まで投げるっていうのはもう常識で。

落合 完全試合っていうのは目標に置いてなかった？

東尾 俺は置いてない。できるタイプじゃないし（笑）。

落合 オレがピッチャーだったら、まず完全試合、ノーヒットノーラン、それで完投。で、もし代わるんだったら投げ切れるところまで、っていうふうに考えるんだけどね。

東尾 そりゃそうよ。そりゃそうだけど、俺はそういうタイプじゃないから。４、５回になったらすぐヒット１本とか打たれるの（笑）。

落合 ふっふっふ（笑）。

東尾 だから球数のこととか、いろいろ自分で考えて投げるとか、個性もあったよね。今はそうじゃない。最近ピッチャーがさ、猫も杓子もセットポジションばっかりで投げるわけよ。もうええ加減にせえよって。なんで体の全部を使って投げないのか、なんで体をうまく使えないのかってイライラするよ。これ今、少年野球もそうなんだよ。

落合 なんでなんだろうね。ワインドアップで投げるピッチャーって、ほとんどいないもんね。コントロール重視なの？

東尾 知らない。ちょっと寂しいよね。体使って投げることを覚えてからセットポジションならいいよ。でも、最初からセットポジションだけやったら、肩の負担がものすごくきつくなると思う。今のピッチャーは最初から6回、7回を目標にしてるからそれでいいのかもわかんないけど、昔は完投するのが当たり前だったから。

落合 完投するのが先発ピッチャーの使命ですね。

東尾 それは常識。エースは最後まで投げるっていうのは。途中で降板するのは恥やと思ってたから。山田久志、鈴木啓示《けいし》（近鉄）、村田兆治（ロッテ）、高橋直樹（日本ハム）、いろいろなピッチャーがいて、エース同士の対決のときは特にそうやったね。山田久志とやるときは「絶対先に降りない！　絶対9回まで俺は投げる！」って言ってたんですよ。

落合 それがエースの条件ですね。

東尾 （松坂）大輔（元西武、レッドソックスほか）もそうやったね。あいつも降りない。160から170か180球、平気で投げる。そういう強いピッチャー、いいね。

落合 これからもそういう時代が来るように。中6日空けてるわけですからね。

東尾 いやあ、どうかな。今のピッチャーに言いたいのは、気持ちだけでもいいから最後まで、9回まで投げるのを目標にしてマウンドに上がってほしいってこと。6回、7回、途中のところが目標だったら本当に寂しいよね。

落合　ベンチがピッチャーに気を使いすぎるっていうのもあるんじゃないですか。監督をやってるときに、1対0で負けた試合で、「俺は自分の役割を果たした」っていうピッチャーがいたんですよ。

東尾　うーん。

落合　でも、「おまえ、完投しても1点取られて、この試合負けたんだよ」って。「負けは何も残らないんだよ。1点も取れないんだったら1点もやるな」っていうことを言ってね。「完投を目標にしてゲームに入りなさい」っていうことは常々言ってたけども。

▼「頭部死球→仕返し」伝説の真相

落合　（視聴者からの質問を読む）「昔、1打席目に東尾さんから頭部に死球を受けた後、落合さんがピッチャーライナーを打ったってホント?」。これね、頭にぶつかって、救急車で運ばれてるんですよ（1982年7月7日、西武-ロッテ、平和台球場。5回に頭部死球で退場）。次の打席ってあり得ないの。だからこれは「ウソ」。

東尾　それを私は、今日の今日までホントだと思ってたの。

落合　はっはっは（笑）。

東尾　そういうふうに（時系列を）逆にして（映像を）作ったの、誰だ！って言いたいよ、ホント。今日が初めてよ、こんなんわかったの。いつも言われてるやない、オチに打ち返されたって。えらい映像が流れてるらしいよ。間違った映像が（＊1）。

落合　ピッチャー返しを打ったの、その何試合か前らしいね。

東尾　それも全然知らなかった。てっきり俺が先にぶつけて、その後仕返されたと思ってたもん。

落合　救急車に乗って病院行ってるのに、仕返しのしようがないじゃない（笑）。

東尾　そうだよね。おかしいよ、本当（笑）。

落合　でも、東尾さんからぶつけられたの、これ1回だけなんだってね。苦労したんですよ、対戦するときに。

東尾　どういう苦労？

落合　打ちにいくでしょ？　腰、引くんだわ、やっぱり。

東尾　いや、全然引いてないんだけど。まあ、ちょっと開き気味に入ってくるから。

落合　こうやって行く（左足を踏み出す）んだけども、腰をスッと引いちゃうの。だか

1982年、ロッテ・落合に頭部死球。この動画が最近、SNSで出回っている

ら対戦成績、2割3分しか打ってないもん(＊2)。

東尾 フォアボールはどのぐらいかな?

落合 フォアボールもそんなになかった(6四球)。

東尾 (勝負を)避けるところは避けるよ。三冠王続けて獲るバッターが、いろんなケースで何を狙ってくるか、一番警戒してたから。もうひとつは申し訳ないけど、そのときロッテは弱かったから、歩かせてもいいわけだよ。どうせ一塁行ったって……。

落合　走るわけないしね。

東尾　じーっとしてるから。そういうつもりでやってたけど、こんなに数字がいいとは思わなかった。

落合　オレはもう「先発ピッチャー東尾」って言ったら、「今日、ダメだあ」っていうような感じだったよ（笑）。

東尾　いやあ、そんなふうに思えないし……。ただ、さっきのあれ（頭部死球）のことがあったから、今までものすごい嫌がってたの、俺のほうが。現役のときもそうだし、現役終わった後も。おまえが俺に対して変に思ってんじゃないか、わざとぶつけたと思ってんじゃないかなって。全然違うじゃないの。真実がわかったよ。これでやっと今日、すっきりして帰れる（笑）。でも、この率で抑えてるっていうのは……。やっぱり後半（1985、86年）だよね、打たれてたのは。

落合　ぶつけられてからホームランを打ったっていうのは……。

東尾　「ぶつけられた」って言うなよ！　「当たった」だって。またそういうこと言うから、おかしくなるんだよ（笑）。

落合　はっはっは（笑）。シュートだったら逃げられるの。あの当時って、「頭、行け〜！」っていうような時代でしょ？　だから、常にここ（頭付近）を意識しながら打席に立ってたから。シュートって自分のほうに向かって曲がってくるから、いくらでも逃げられるっていうのはあったの。

東尾　そうなのか。それを早く知りたかったなあ。

落合　でも、あのボールだけはね、外から来ちゃったの。頭の後ろから。一瞬、ボールが消えたの。消えて、当たって。当たったときって痛くないんですよ。だいたい記憶が飛んでるっていうからね。

東尾　俺はそういう経験ないから。申し訳ないけど（笑）。でも、「こういうボールを投げたから仕返しをされた」とばっかり思ってたから、今日でものすごくイメージ変わった。この数字も、そんなに抑えてると思ってなかったもん。

落合　もっと打ってないと思ってた、オレは。

東尾　間違った映像のイメージがちょっとキツすぎたな（笑）。

＊1　1990年代のテレビ番組で、ピッチャー返しと頭部死球の順序を逆に編集したものが放映されたといわれる。その番組の一部映像が〈落合博満、東尾修に死球の報復に投手強襲安打〉と題され、SNSに投稿された。再生回数は650万回を超える。実際には、1982年6月21日の西武-ロッテ戦（平和台球場）の8回、落合のピッチャー返しが東尾の左肩に直撃。同年7月7日、同じ平和台球場の西武-ロッテ戦の5回に、東尾の投球が落合への頭部死球となった。

＊2　落合対東尾の通算対戦成績（1979～1986年）は、打率・236、26安打、5本塁打、20打点、6四球、1死球。落合が打率3割以上をマークしたのは1981年、1985年、1986年の3シーズン。

対談動画はこちらから

03

福本豊

YUTAKA
FUKUMOTO

福本 豊(ふくもと・ゆたか)

1947年生まれ、大阪府出身。大鉄高校(現・阪南大高校)、松下電器(現・パナソニック)から1968年ドラフト7位で阪急(現・オリックス)に入団。プロ2年目の70年に1番打者に定着。同年からの13年連続盗塁王、通算1065盗塁、通算115三塁打、ダイヤモンドグラブ賞(現在のゴールデングラブ賞)12回はいずれも日本記録。72年には当時の世界記録で、現在も日本記録であるシーズン106盗塁。通算2543安打(歴代5位タイ)、208本塁打

「最初にたまたま気づいたのが、鈴木の啓ちゃんのクセ。でも、エースはみんな直してくる」

４００勝、８６８本塁打と同じく「不滅の記録」といわれる通算１０６５盗塁。相手エースとの駆け引き、五輪選手仕込みの走法……中学で補欠だった小柄な男が〝世界の盗塁王〟になるまでの物語。

▼「野球部入んなよ。また球拾いやぞ」

落合 いやあ、お久しぶりです。

福本 何年ぶりやろうね。たぶん（落合が中日監督時代の沖縄・）北谷《ちゃたん》のキャンプが最後かな。

落合 オレがプロ野球の世界に入ったのが25歳のときで遅かったから、6歳しか違わないのが不思議な感じがするんですけど。小さいときから足は速かったんですか？

福本 速い部類には入ってたかな。駆けっこやってもだいたい3番から5番までには入ってた。でも自分より速い人はたくさんおって。むちゃくちゃ速くはなかったですね。

落合 小学校の頃って野球部はありました？

福本 なかった。小学校のときは野球してないね。軟らかいテニスボールを投げて、グーで打って遊んだけど。

落合 バットなしですか？

福本 バットなしで。三角ベースで5、6人で。あとは適当に、その辺に落ちてる角材をバットの代わりにしたりとか。

落合 じゃあ、小学校の頃、野球っていうのは……。

福本 もう全然。中学行って、何しよか、ほんなら野球しよかと。みんな野球やったから。ルールもわからへん、何も知らんまんまでやりました。

落合 中学校から高校に行くときに、野球で入ったわけじゃないですよね。

福本 一応、勉強で入って。中学のとき、僕は補欠やったから。年功序列で3年生のときは試合に出してもらいましたけど、3年生になるとき、うちの親父から「もう辞めえよ」って言われたのね。試合に出てなくて、球拾いばっかりしてるから。「近所にかっこ悪いから」って言われて。

落合 えぇ？（笑）

福本 中学の監督、コーチからはね、高校行くとき「野球部入んなよ。どこ行く？」って。「大鉄高校（大阪／現・阪南大高）に通りました」「あんな強い学校行って、出られへんからやめとけ。また球拾いやで」と言われたんです。それで一週間、悩んだんやけど、親父に「野球部、行ってええかな？」って。

落合 ほおお。

福本 「また球拾いやぞ」と言われたんやけど、「3年間、途中で辞めるということをしないんやったら行け」って。その覚悟で飛び込んで、何もわからんまんまに入って、何もわからんまんまに球拾いしてた。

落合　当時の大鉄高校って、野球は強かったんですか。

福本　一応、大阪でだいたいベスト16ぐらいに入る学校やった。うまいことといったら、パーッて甲子園まで行くんですけど。先輩に土井さんがおられて。

落合　土井正博（元近鉄、太平洋〜西武）さん？

福本　うん。センバツで甲子園に出はったね。それで2年生で中退して、もう近鉄へ行かれて。

　僕ら1年生は100人ぐらいいて、学校終わってからは練習できないんで、朝の練習。そこで監督が、ハーフバッティングをじーっと僕の後ろで見とってね、「おまえ、ミートうまいな」って言われたんですよ。「うまいな」って言われたのは初めて。それでちょっと昼の練習に入れてもらって、ライトで球拾いしてた。

　練習で内野手がファーストへスローイングする。外野で3人ぐらい守ってて、ファーストカバーに行く人も行かない人もおる。僕は送球のたびに、暴投しようが何しようが、先に行っとった。球拾いは関係なしに行かないかんねやから。それを監督が見てね、「あいつ、よう野球知っとるな」って言われたんですよ。当時はほんまにまだ知らんねんけども、何か、それを認めてもろうたんかな。

落合　ええ。

福本 そこから遠征に連れて行ってもらい、道具持ったり、球拾いしたり、両方してたんですけども、新チームになってから、僕を1番で使ってくれて。

▼「おい、おまえ、スカウト誰や。大丈夫か」

落合 高校のときの成績って、どんな感じでした？

福本 1年生の秋からずっと出してもらって、ホームラン1本もなしです。その代わり、二塁打と三塁打と。3年生のときですかね、夏の大会の予選では結構、盗塁もしました。監督がそういうのが好きやったんで。バントが嫌いで、エンドランが好きで。

落合 それで名門・松下電器（現・パナソニック）に入るわけですよね？

福本 その前に高校で、3年計画で、自分たちは甲子園に出たんですよ。

落合 あっ、甲子園に出たんですか？

福本 出たんですよ、夏の大会に。延長13回でサヨナラ負けしたんですけどね（1965年の1回戦、対秋田高）。それもセンターの僕とセカンドがお見合いして、一番やったらいかんことをやってサヨナラ負け。それで一応、甲子園出たんで、夏が終わってから韓国との親善試合が日生球場であったんですよ。そこに松下電器の監督が見に来られ

てて。試合終わってから、「うちに来ないか？」と。入ったら、力はないけれども割と試合で使ってもらって、出たら走る、出たら走るをやってましたね。それで1年後に加藤ヒデ（秀司）が松下に来たんですよ。

落合　あ、加藤さんは1年あとなんですか？

福本　学年が1個下なんで。加藤はもうエリートですから、ずーっとスカウトが見に来てた。で、松下で最後の3年目、僕も加藤も新日鐵広畑の補強で都市対抗に出て優勝したんやけど、間《ま》違《ちご》うて僕がホームラン打っちゃったんですよ。それとまた、9回にセンター前に来て、サヨナラ負けになるところ、ホームへストライク放ってアウトにしたんです。で、ドラフトに入っとった（笑）。

落合　へっへっへ（笑）。

福本　そのへんはものすごく運が良かったというか、ラッキーというか。加藤を見に来たスカウトに、ついでに僕を見つけてもらった。「おまえがおれへんかったら、俺、プロ行ってへんで」とかいう話は、加藤とするんですけどね。

落合　それでドラフトですか。

福本　山ちゃん（山田久志）がドラ1、加藤がドラ2。僕は7番目やったんです。そんなもん関係ないと思って、ドラフトの日もいつものとおり電車に乗って帰る。次の日に初めて、新聞見てた先輩に「おまえ載ってるやないか」って言われて、「えっ、そうなん？」って。新聞の下のほうに小さい字で書いてあって。「ウソでしょ、こんなの。ええ加減でしょう」って、待ってたら全然何も来なくてね。

落合　指名されて、その日に連絡とかっていうのはなかったんですか？

福本　いやあ、全然。2週間ぐらいしてから、やっと話をさせてもらったというかね。

落合　スカウトと？

福本　うん。会わせてくれなかった、会社が。スカウトに「無理やから、行かさないから」と言うてたみたいで。僕も「おまえは小さいから、プロ行ったって無理やから」と言われてて。それで「一度、話だけ聞かせてくださいよ」ということで、3回、4回と会うたんびにステーキ食わせてもらって。ステーキで負けましたね（笑）。

落合　はっはっは(笑)。で、阪急に入るわけですね。

福本　入っていきなりね、先輩が、「おい、おまえ、スカウト誰や。大丈夫か」。

落合　はっはっは(笑)。

福本　僕、細いでしょ。66kgくらいやったんで、プロでやる体やないし、練習についていけるのかと。まあ球団としては、レギュラーでバリバリやるんやなしに、守備と代走、そういうパーツでええなという感じやったらしい。

▼オリンピック選手に習った走り方

落合　当時の監督は西本(幸雄)さんですか?

福本　西本さん。細かい指導はしてもらってないんですけども、大熊(忠義)さんであるとか、森本(潔)さんであるとか、練習で打ってる先輩たちを見て、「おい、フク。あの格好で振れるように、来年なってこい」。1年目のシーズンオフにね。あとは「手でバット振ったら飛ばへんやろ。腰でバットを振るんや」と。それで僕、よその家のガラスを鏡にして、植木の葉っぱをボールに見立てて、高いところとアウトコースのスイングだけしてましたね。監督に「ここをこういう格好で振れ」って言われたとおりに。

そしたら次の年、キャンプに行ったら打球が変わってしもうて。コーン！とライトへ強い速い打球が打てるようになった。打ってる本人がびっくりして。監督が「おまえ、誰に教えてもろうたんや」って。「監督です」って言うても信用せんかった。

落合　「バットをこうしろ、足がこうだ、手はこうだ」っていうような、直接的な指導はなかったんですね。

福本　「こう足が出たら、手を内から出して」って、そんなんやってる間にボールが来るがな、っていう感じ。だからタイミングだけを考えて、当たったときに負けないスイングができるようにした。

落合　じゃあ、すべて自分でつくり上げていったっていうことですよね。

福本　監督が「こういう格好で振れ」って言うたのはヒントよね。で、自分は小さいし、力ないし、飛べへんけれども、「打球の速さ、強さを追求しろ。ライナーを打て」とも言われました。

落合　阪急に入って、走り方も変わったっていう話を聞きましたけど。

福本　トレーニングコーチが東京オリンピックの400mリレーの選手だった浅井浄《きよし》という人で。大学出たあと阪急電鉄に入られて、もったいないから「出向でブレーブスに行って、走る指導をしてこい」と。僕はそのときに同期入団。それで走り方を変えても

400mリレーの五輪代表選手だった浅井浄に走り方を叩き込まれた

らった。体が横動きになって、腕が横振りになってたんで、縦の動き、縦の振りに直す。足の上げ方、上がり方を直す。で、盗塁でも守備でも、低い姿勢でスタートする。しんどいんですけど、この走り方の練習、クセになるぐらいやらされましたね。「低く構えたら、低いままでポッと行けるやろ。体が起きたら遅いやんか」って。

実際、盗塁でいいスタートを切ってるのに、ばっちりアウトになるときがあるんですけど、楽勝と思ってポッと体が起きる。その時間、0コンマなんぼ遅れたんかなと。逆に低い姿勢でスッと行ったら、アウトやと思ってもセーフになるときあるんですよ。それと走り方のクセもベンチから見てもらって、「よくウエストされるな。体がこうなってる(二塁方向に傾いている)よ」とか、そういうのを教えてもらいました。

落合 恩人の一人ですね。

福本 そうです。僕を走れるようにしてくれた。

▼ランナーにならんかったら走られへん

落合 2年目からはほぼレギュラーですか。

福本 5月の始めぐらいから1番で使ってもらって。ただ、それも1年目に「まず守れなあかん」って先輩に言われて、ピッチングコーチの天保《てんぽ》（義夫）さんにも「打つのも足も大事やけども、守れんやつは試合出られへんし、一軍に入れてもらわれへんぞ」って言われたからやね。

落合　まず守りからですね。

福本　僕、入ったとき、キャンプで毎日1時間、最低4勤1休でノックですよ。大きなカゴに200発、ボールがなくなるまで。それも普通のフライ、ゴロじゃなしに、すごい打球ばっかり。それを毎日やったら、そりゃ、下手な僕でもうまくなる。

落合　はっはっは（笑）。

福本　下手は絶対うまくなるって。試合に出たいから、この練習やって、うまくなったら出られるんやと思ってやってたし。だからキャンプに行ったら、皆でする練習が3時に終わって、3時半ぐらいからノック。それが一番、キャンプでしんどかった。

落合　午前中の練習って、だいたい流れで、「今日はこれをやっときゃいいや」っていうような練習ですからね。すべての練習が終わってから、個別に何をするか。

福本　しんどかったけど、知らないうちに勝手に鍛えられて、足が強くなった。

落合　野球の基本ですよね。足腰っていうのはね。

福本　ほんまにそれはね、思いました。引退するまでキャンプで毎日、若い人と一緒にノック受けて。それがあったから長持ちしたんかなと思うし。

落合　「練習は嘘つかない」ってやつですね。で、レギュラーで出るようになって、盗塁はサイン？　ノーサイン？

福本　もう西本さんは「行けるとき行け。どんどん行け」って。でも1年目に初めてサイン出たとき、動けんかったわね。ビビっちゃって。フルカウントになって、チェンジになって走ってベンチに帰ったら、途端に怒られた。「走れ言うとるやろ！　1球目から言うとるやろが！」って。それからは早《はよ》う走って、最初はアウトになった。次、ボールが逸《そ》れてセーフになった。

それで2年目から、足がパッと出て行ったときには「アウトでもなんでもええ。ちょっとぐらい遅れても行ってまえ」ってやってるうちに、場慣れやね、あれは。アウトになって「すみません」って言いながらベンチへ帰っても、監督に何も言われなくなった。でも、ずーっとプレーしていくと、今度、3球目までに走らんかったら怒られて。

落合　へっへっへ（笑）。

福本　「ポンポンと2ストライク取られたら2番バッター何もできへんやろ。早よ走ったれ！」。だから僕、1球目、めちゃくちゃ多いんですよ（＊1）。1球目、2球目までで走ってるやつが。3球目、4球目にセーフになっても怒られるからね。それで2年目、

75ぐらい走ったんかね。怖いもの知らずやったから。

落合　じゃあ、2年目から盗塁王？

福本　そうそうそう。

落合　それもまたすごいですね。

福本　うーん。ランナーに出られたから(笑)。

落合　出られなきゃ走れないですもんね(笑)。

福本　盗塁の秘訣ってよう言うけど、ランナーにならんかったら走られへんがな。フォアボールだろうが、ヒットだろうが、まずランナーに出ないとあかんわな。

▼最初に見つけたのは鈴木啓示の牽制のクセ

落合　話によると、一塁側か三塁側のスタンドにビデオを置いて、ピッチャーのクセを研究してたとかって聞きましたけど。

福本　2年目に盗塁王獲ったときに「何欲しい？」って親戚に言われて。僕、レギュラーちゃうから、いつクビになるかわからんし、ケガするかもわからへんから、自分の画を撮って置いときたい。「俺、プロにおったんやで」っていうのを見せたいんで、ビデオが欲しいと。それで高校の同級生が来たときに――ちょうどガラガラやから、スタンドのどこに行っても（笑）。

落合 パ・リーグですからね（笑）。

福本 サード側に行こうがどこ行こうが、自由に行けたし。西宮球場ね。だから、「一塁の線のところでピッチャーと自分を撮っておいて」って。撮ってもらったやつ、別にクセとか必死に見てなかったんですよ。ああ、俺が出てる。打ってファースト行ったわ。ランナーになってる。……って見てたときに、たまたま「あっ！」って気がついて。見つけたのが、鈴木の啓ちゃん（啓示）のクセやったんや。もう、これはおいしい、おいしい。

啓ちゃんのクセ、こう見てるとき（首が真っすぐのとき）はホーム、こう見てるとき（首を傾けているとき）は牽制という違い。なんや、こんな簡単なもんがわからんかったんかなと思って。わかったらもう、ほんま面白くなって。エースやから簡単に打てへんけど、フォアボールでも出たら「ありがとう1個」と思ってやってましたよ。

で、次に近鉄と試合やったときに見てたら、めちゃくちゃようわかったもん。ビデオより生のほうが。また面白いなと思って、それからわからんピッチャーでも見て、どっか（クセが）ないかなと、ぼけーっと見てましたね。

落合 それも財産ですよね。

福本　そうね。でも、さすがエースやな。あんまり走られるんで、直してきて。

落合　やっぱり直してきました？

福本　バレたね。ホームと牽制の違い、逆をやられてアウトになった。それからちょっと走れなくなりました。ちょっと前に日生球場で試合前、ベンチ横の大きな鏡のとこに啓ちゃんが立ってるのが見えた。一生懸命、自分で研究してたんやなって。各チームのエースはみんな直してくる。トンビ、ライオンズの東尾（修）もそうでしたけど、バチにわかっとった、100パーやったやつをね。

落合　教えてくれているようなもんですもんね（笑）。ホームに投げるよ、牽制するよっていうのを。

福本　そうなんですよ。で、まあ、東尾ね、（契約）メーカーが一緒なんで。

落合　ミズノね。

福本　ミズノで一緒だから。（会合で）会ったとき、「フクさん、どう？」って、もううるさいから「（クセを）教えるわい」と。直らんと思ったんやろうね。アホやったね、自分は。それで教えたら、ぴたっと直して。シーズン入ったとき、ばっちり殺されました。だから、また探しましたけどね。でも面白かったですね。逆突かれたら悔しいから、またまだ、どっかないかなと思うてやりましたし。

落合 ほとんどのピッチャーの研究はしました?

福本 一応見て、わからんかったら、だいたい雰囲気で。あとはノムさん(野村克也)がピッチャーにクイックさせたとき、(ボールを)長く持って、短く持って、いろいろやってきた。それでまたヒントを得る。「ああ、間を見ときゃええで」って。このピッチャーは間が1、2、3とあったら3やなとか、2やなとか。一応、帳面に書いて。いつ動くかのタイミングだけを計ってたっていうか。

落合 でも、盗塁された記憶はあるけど、盗塁がアウトになったっていう記憶、あんまりないんですよね。

福本 いやあ、結構……290、300はやめとこうと思ったんがあるし、299もアウトあるし(盗塁死299も日本記録)。

落合 そんなにアウトになってるような感じじゃないですもんね。

福本 ノムさんに対しては、一番死んでるんちゃうかな、確か。近鉄のナシ(梨田昌孝)とかはあんまり死んでない。ただし、有田(修三/元近鉄ほか)に殺されてるかね。なんか、うん、あるんですよ(*2)。

▼106盗塁のシーズンにしんどかったこと

落合 1シーズンに100盗塁以上したとき（※1972年に106盗塁の日本記録）の感覚って、どんなでした？

福本 疲れてるのはええねん。朝起きて、しんどいなと思っても、球場に行ってユニフォームに着替えてアップしたら、もうそんなん思わへんかったし。確かに、体重はボッと減った。夏場に66か67kgぐらいにガバッと痩せた。でも逆に、体が軽くなって走りやすくなった。そんな長いこと走るのとちゃうから。30mほど、滑っていったら25m走るか走らないかだから。しんどいなとは、あんまり……。取材がしんどかったね（笑）。

落合 えっへっへっへ（笑）。

福本 毎日同じこと。「今日は走れへんかった」「今日はランナー出てないから、走られへんがな」「前にランナーおったら、走られへんがな」とか、そんなんで毎日、追いかけられる数字と話がしんどかった。

落合 ははぁ。

福本 疲れて風呂入って、飯食って寝たら、そんなに。大変っていう実感はなかったね。

落合 それで福本さん、セカンドへスライディングするときに、右足を折って左足で

1972年、当時のシーズン盗塁数世界記録を更新する106盗塁

ベースつくでしょう？

福本　（ホーム方向に）背中向けてね。

落合　あれは、なんでですか？

福本　利き足かな。勝手に歩幅でこうなってるんかな。12か13歩やから、走っていったときに、ちょうど右足がスッと入りやすい。左はなかなかすんなりできない。ほとんど曲げるのは右足やった。器用な足が右やったんかなと。

落合　じゃあ、何の気なしに。

福本　何の気なし。「一番得意な方法をしろ」って言われたんですよ。右、左、スライディングの練習をキャンプでもやって。一番簡単な自信のあるやつやったらケガしいひんやろうと。あんまり考えない。考えるのは、ちょっとでも早いことベースに着くことだけ。タッチよりベースに着くのが早いか、それだけ。

落合　守りに関して言うと、当時の阪急の外野手3人っていうのは強烈でしたもんね。

福本　ああ、ねえ。大熊さんもそうでした。長池（徳二）さんもそうでした。外国人、（バーニー・）ウイリアムスもね。ウイリアムスがまた、肩がめちゃめちゃ強かった。

落合　だから「阪急の外野手3人いたら、グラウンドの中だったら捕られるから、オーバーフェンスしろ」って、よく言われたもんです。

福本 フェンスに寄って見てたら、それでも落合には頭越されとったからね。「いかれるわ、こっちの方向」って言ったら、だいたいきっちり飛んでくるんやから（笑）。そら、頭越されたら捕られへんのやからね。塀に登る余裕もなかったもんね。それがまたライトへ狙い打ちで、よく打たれたわ、右中間。落合がバッターで来たら、いや〜な感じで守ってた。ランナーおったら、またこれ2点か3点か、と思ったらもう、きっちり。

落合 阪急戦はゲームが早かったですよね。村田（兆治）さんと山田さんが投げ合うと。

福本 その2人だったら、とっとことっとこやね。

落合 1時間50分くらいでね。

福本 「今日、早う終わるで」って言うてたもんね。怒られるけど（笑）。

落合 初回に1点取られりゃ、そのまんまイチゼロで終わるとかね。

▼阪急の打者はインコースが強かった

落合 でも、1番を打って、170㎝に届かない身長で、200本のホームランを打ってるっていうのはすごいですよね（通算208本塁打）。

福本 狙って打ってるわけじゃないし、粘っとって、打ったら行った。ノムさんに「おまえ、なんや」って言われた。「芯に当たったら、カーンッて行きますねん」って言うとった。西本さんに「力やない」というのも言われた。「人間の体の理《ことわり》」がどうのこうの。「勝手に合《お》うたら行くようになってる。どの人でも飛ばせるものは持ってる」と。ただ、ぎょうさん打てるかどうかはある。そういう形ができたらそこそこ行くんやっていう。「強い打球を打ったおまけがホームランや」と自分は考えてる。狙って打ったって、そんなん無理だもん。落合みたいに狙って打つとか、そういうのはできない（笑）。

落合 いやいや（笑）。でもインサイド強かったですよね。

福本 あれはね、常に一緒にいた大熊さんに教わった。「パ・リーグで試合に出る、レギュラーになろうと思ったら、インコース打てなあかんのや」。で、ベースにくっついて練習。インコースの体に当たりそうなやつを、ファウルでいいから、カーン！と打つ。「さばく練習をせえよ」って言われた。「体に来そうやったら、当たる前に打ったらええねん」「練習をそのぐらいのつもりでやって、試合になったら行かなあかんねん」っていうのは、ありましたね。だからインコース来るのは好き。詰まろうが何しようが好きやからすぐ打つ。うまいことさばけたらまたうれしいし。阪急はインコースの速いボール打つ練習、長池さんのときぐらいからやってたんちゃうかな。大熊さんもそうですけど。

落合 「体の大きい人はインサイド投げろ。体の小さい人にはインサイド投げるな」っていうことはよく言われてましたけどね。

福本 手ぇ短いと、うまいこと打つからね。

落合 うまい。インサイドはうまい。だから「インサイドを投げたときには、ホームラン覚悟して投げなきゃいけないよ」と。年間10本打たない選手でもね。

福本 だからもうベースにくっついてね、引っ張れるように。で、引っ張りにいって遅れたやつが、ちょうど逆へ行く。そんな単純に考えてた。

落合 福本さんのバッティングって——オレの感じ方ですけど、打球音が違うんですよ。

福本 音がいい？

落合 コンッ！って音がする。

福本 木は重たいから、要は芯でとらえる確率を高くしろ、みたいな感じやったから。こういうバット（福本モデル＝すりこぎ棒状の太いバット）を使って。

落合 いい木があるんですよ、重たいバットは。

福本 重たいバットはね。そういうような関係もあったんちゃうかな、音は。

落合 だからね、カーン！じゃないんですよ。コンッ！ていう音。

福本 フリーバッティングしとっても、うれしいですね、いい音してたら。これ、やっぱり木ぃええわ、って言いながら。

落合　ロッテ－阪急戦で、島根でサヨナラホームラン、2試合でしたか（1985年6月15、16日の2連戦。第1戦は福本のソロ本塁打、第2戦は山森雅文の逆転満塁本塁打）。

福本　あれ、ライトへものすごい風が吹いてたから、引っ張ったれって。アウトコースのシュート気味のボールをうまいこと引っ張り込んでね。あれは覚えてますよ。

「福本モデル」のバット誕生の秘密

落合　このバット（福本モデル）の話になりますけども、南海の藤原満さんから？

福本　そう。一番最初、ノムさんが、これよりもっと重たいバットを満さんに見せて「おまえ、このバット使うんやったら試合で使《つこ》うたる」って言ったらしい。それで満さんが使ってるのを見て、大熊さんが「おい、ちょっと貸せ」。大熊さんが試合前の練習で打ったら「これ、楽やがな」って。コンッ！と打つだけで音はええし、打球も速いし、簡単に折れへんやろって借りたのが一番最初のきっかけ。で、大熊さんが使うてるのを見て、僕が「それ1本、面白いから貸して」って。

練習で使うたら、ものすごい楽で。ロッテ戦、ピッチャー村田やったんですよ。アウトコースにコンッといったら、ライナーでフェンスまで。捕られたんですけども、これは楽でええわと。思い切り振らんでもこの打球行くんやったら、面白いなと思って。
これ(福本モデル)を作ったのは10年ぐらいしてからかな。それまでは944gか。タイ・カップ型のバット使うてたんで。確かに重たいですね。1kg60g、80g? ええ加減やね(笑)。60から80の間(1060~1080g)。

落合 オレでもだいたい940から960gくらいのバット使ってましたけども。当時、1kgを超えるバットっていうのは……。

福本 外国人。

落合 だけですよね?

福本 うん。僕はこれ、短く持つ。ちょっと(グリップを)余すんで、重たい言うても、振るときにこんなんならへん(体は傾かない)よね。目いっぱい持って振るなんて絶対無理。西本さんによく「バットは腰で振るんや」っていうのを言われてて、ちょうどこれ重いから手で振れないし。

落合 当時、パ・リーグの1番バッターっていうのは、みんなこのタイプのバットを使ってましたもんね。

福本 西本さんが近鉄の監督になって、大ちゃん(大石大二郎)に使わして。僕はほかの選手にも結構「使いたい」って言われて、「おう、いいよ、いいよ」って。これ(福本モ

プロ12年目、1980年のバッティング

デル）は、ええ木やで。（バットを手にして軽く振って）ほんまや、重たい。こんな重たかったのかなって感じで（笑）。

落合　1kgを超えるバットっていうのは、今の人はまず想像もできないでしょうね。

福本　ようわからんでしょうね。変化球多いからとか、フォークが多いからとか、いろいろ言うけど。軽いのが操作しやすいから。まあ、それは一理あるかなと思うけど。

一日中スパイクを履いたら強くなる

落合　通算の盗塁数は1000個超えてるでしょう？（※1065盗塁、日本記録）

福本　うん。知らんうちにね。

落合　自分でこういう選手になるって、思ってました？

福本　いやぁ思ってない、思ってない。「一軍のベンチの中に入れたらええ」が目標やったからね。怒られるけど、3年やってあかんかったら、もう辞めるつもりで。それが1年目から一軍のベンチに入れてもらったんで、あとはもう頑張るしかないと。まあ、何が起こるかわからへん。野球と一緒やね。体も故障なかったし。肘だけパンクして。

落合　ああ、晩年、肘ね。サポーター巻いてやってましたもんね。

福本　一応ね。1週間、監督が休ませてくれとったら治っとったもんね。優勝争いしてるから、シーズン中から「休ませてください」って言うても、あかんかって。バケツに氷入れて、肘を沈めて、チェンジになったらバッて出ていく。でも1本ファウル打ったら、めちゃくちゃ響いてもうあかんのですよ。審判に「ごめんなさい」って言って、待ってもらったりしてね。

落合　脚の故障はなし？

福本　なし。あれだけ走って、肉離れはなし。

落合　それはやっぱり、普段から走ってたからですよ。

福本　キャンプで朝、球場に入ったらスパイク履いて、アップが始まってから練習が終わるまで脱ぐことなかったもんね。自分がコーチやったときも、トレーニングコーチが「はい、今からズック（トレーニングシューズ）履いてアップします」って。「なんでやねん、今から野球すんのやろ」って喧嘩したことある。スパイク履いて、ゆっくりアップして、体に、脚に教えてやらないかんねや、徐々に。一日中スパイク履いたら、ものすごい疲れるけども、知らないうちに強くなってる。ほんまに故障なかったですね。

落合　昔のアップっていうのは、スパイクが原則でしたもんね。

福本　人工芝でもスパイクで走ったりするんやから、体に覚えさせとかな。故障した選手がグラウンドをぶらぶらするときも、スパイクを履いて球拾いして、ちょっとずつ負担をかけて「足に教える」っていうのが大事やでって、僕は言うんですよ。

落合　例えば今コーチ、監督になったとしても、それは実践します？

福本　絶対ね。慣らしで。今の選手、2月からずっとやってきて、「なんでこんなときにパンクするの？」って思う。足、もも、ふくらはぎ。秋口になってきたら、一番体ができて強いときやのに、おかしいなっていつも思いますね。「ちょっと張ってきたな」ってのはあるけど。僕、脚のマッサージしたことないんですよ。肘はちょっとやってもらうことあったんですが、脚はない。

落合　普通、年齢がかさんでくると、トレーナーのところに行きますよね。

福本　みんなマッサージするでしょう。「せっかく体つくったのに、緩めたらあかん」って、僕はせんかったですよ。ゆっくりあったかい風呂に入って、もし張ったなというときは、体が軽い人にももの後ろに30秒くらい乗ってもらって、それで終わりです。みんな一生懸命筋肉つくってるのに、張ってるのをあんまり取ってしまったら、またゼロからつくらなあかんやん。強くなっていかんやろ。それとよく言われたのは、「バット振って力つけろ」って。

落合　それは一緒ですね。

福本　やっぱり昔の先輩は、ちゃんとええこと言うてたって言ったらおかしいけど、ちゃんと理にかなってるんですよ。

落合　野球がうまくなりたいんだったら、野球の中で実践してうまくなれっていうね。

福本　だから僕は、盗塁もそうなんですが、「試合の中で練習せぇ」と。試合で向こうは必死になって放ってくる。それを打ちにいくんだから、試合やけど練習なんやっていう。守っとっても、試合の中で練習せなあかん。盗塁なんかでも、練習のときはほとんど死ぬんやもん。だいたいキャッチャーは練習だとぴったし（送球が）来るし、だいたいアウトになるもんね。

落合　（走るほうの）気が入ってないですもんね。

福本　気持ちが全然違う。試合になったらいいスタート切りたい、アウトになりたくない。だから集中してやるんです。試合の中でスタート切る練習をする。それはみんな身についていく。若い子ならオープン戦で、アウトでもええからスタートを切らす練習を、試合の中でさすっていうのがね。

落合　13年連続の盗塁王（1970～82年）っていうのは、もうこれから出てこないでしょうね。

福本　うん、できへんね。30個ずつでも、13年はようせんね、みんな。

落合　今、盗塁の数、少ないと思いません？

福本　少ない。やっぱり最低ライン、決めとかなね、盗塁王の。キングやから。ホームランでも思うんやけど、ラインまで行かなかったら〈該当者なし〉でもええんちゃうの？　ほんまに、それは思いますね。シーズン後半になって、数合わせでくるから。「走れる選手やったら、もっとはよから走れよ」っていうふうに思いますね。

落合　野球のスタイルが変わったんですかね。

福本　お客さんも、走れる選手のときはそれを見に来てはるし。自分も「行けよ」と思って見てるし。スタンドから、記者席からでもタイミング計って、「遅れた」とか、頭の中で見て楽しんでるんやけども。お客さん、もっと動いたらもっと喜ぶのになと思う。アウトでも、走ったらね。ちょっとそこらへんが物足りないね。

▼「立ちションもできへん」の真相

落合　一説によると福本さんは、国民栄誉賞を断ったっていう話がありますよね。

福本　ありがたい話でね。「フクちゃん、どうする？」って言われたから、「僕、もらえません」って言うた。国民栄誉賞っていうのは、国民の見本にならないかん。「素行から何からして無理です」って断った。新聞では「立ちションもできへんから」とか書かれたけど、あれは担当記者といろいろ話をして、そのときに出た話でね。いつも記者と麻雀、ようやってたんですよ。夜中まで麻雀して、たばこ吸う。「まずそこでアウトや」って。国民の見本にならん。それで、ラーメンを食べて朝帰る。そのときに、みんなやるやん。連れション、立ちション。できへんやろ。それが先に、（新聞に）ぱんと出た。「自分の行動に自信持てないから、お断りします」って言うて例を出した中で、ぽんと表に出たのがそれ（立ちションの話）やった。

大阪弁で口は悪いは、たばこ吸うは、悪いことばっかりしてるわけです。飲みに行って、どんちゃん騒ぎしたりもするし。それは国民の見本になれないわ。キヌさん（衣笠祥雄／元広島。当時の連続試合出場世界記録を更新し、1987年に国民栄誉賞受賞）が言ってたけど、車好きやのに「フクちゃん、車も乗られへん」と。車で事故はいかん。違反もいかんやないですか。歩いてても、信号無視もそうやし、横断歩道がないところを渡ってもいかんし。そやから「いただけません」って断ったんですよ。でも、候補に挙げてもらうだけでも幸せやなと思って。

落合　福本さん、今日はどうでしたか。

福本　楽しかった。昔の話になっても、やっぱり野球の話は楽しいですよ。

落合　ちなみにオレの野球界ベストナインには、福本さん入ってますからね。

福本 ありがたいな。チビでもやれるっていう。めっちゃうれしいんですよ。小学校でも中学校でも、ずっと「ちっちゃいな」って言われた。社会人でも、プロに入るときも、「あと5cmあったらな」って。「小さいのわかっとって言わんとってくれ」って僕、言うたもん。それが、僕が入ってから、弘田（澄男／元ロッテ、阪神）とか大ちゃん（大石大二郎）とか、若松（勉／元ヤクルト）、島田（誠／元日本ハム、ダイエー）もそうですよ。小さい選手がプロに入るようになったもんね。あれはうれしかったですね。

落合 今は死語になってるけど、「練習は嘘つかない」の代名詞ですね。

福本 選手の皆さん、練習しなさい。ほんまに今やらな、損やもんね。よく言われるけど、「今やらないで、いつすんねん」という。

落合 自分のためですよね。

福本 ほんまにそうですよ。やったら跳ね返りは絶対あると思うんでね。

＊1 初球スタート
福本の初球スタートは通算452企図／成功369、成功率・816。全1364企図のうち、初球が最多の約33％だった。

＊2 捕手との攻防
●野村克也 企図171／成功141 盗塁成功率・825
●梨田昌孝 企図83／成功60 盗塁成功率・723
●有田修三 企図71／成功51 盗塁成功率・718

対談動画はこちらから

04

鈴木啓示

KEISHI SUZUKI

鈴木啓示（すずき・けいし）

1947年生まれ、兵庫県出身。育英高校から65年ドラフト2位で近鉄に入団。プロ1年目の5月から一軍の先発ローテーション入り。翌67年から5年連続20勝以上を挙げるなど、85年に引退するまで通算317勝（歴代4位、戦後生まれ唯一の300勝投手）。先発勝利288、無四球試合78は日本記録、最多奪三振8回はパ・リーグ記録。93〜95年には近鉄の監督を務めた

「『あいつ野球しかやらんのかい』って先輩たちが言いよんねん。野球が仕事ですやん！」

戦後生まれでは歴代最多の通算317勝。ミスター・バファローズと呼ばれた〝草魂〟の左腕エースが裸の言葉で回顧する、プロ入り後に受けた衝撃、恩師への想い、そして「走る」ことへのこだわり。

▼「甲子園は負けて大きくなるとこや」

鈴木　久しぶりやな。
落合　12年ぶりですかね。小さいときって、どんな少年でした？
鈴木　周りが言うには、わんぱくやったらしい。昔から「病気は治っても性格は直らん」って言うからな。わがままやったらしいで。
落合　高校時代はどんな選手でした？
鈴木　わしが育英（兵庫）に入ったとき、左ピッチャーだった方が初めて監督になられて、新入生が40人、ピッチャーばっかりだったんよ。で、「今日からピッチャーは毎日300球ずつ投げえ」って言われた。ほいで3日間続けて、4日目に250球ぐらい投げたとき、もうしんどなってきてしもうてね。「あとちょっとで300球なんですけど、300球投げたら、どないしたらええんですか」って言うたんや。そしたら「あと走っとけ」って言われた。ああ、走るより投げとるほうが楽かなと思ってね。ほいで投げ続けたんや。
落合　えっへっへっへ（笑）。
鈴木　そしたら始めのほう、まだ力のあるときはね、力んで投げとるから、ボールがごっつい暴れとるわけや。200球過ぎたあたりからのほうが体の力が抜けて、上体と下半身のバランスが良うなって、そんな力入れんでもバッターの手前でピュッ、ピュッと伸びよんねん。そういう体の使い方を覚えたわけや。ほいで終わってみたらね、みんな「肘痛めた」「肩痛めた」「こんなきついのは陸上競技部入ったみたいなもんや」とか言うて辞めていく。特に走ることがしんどくてね。40人いて3年間残ったん、2人だけや。あとの38人は野手に転向した、故障した、辞めた、そんなんでね。

落合　昔は走るか、投げるかだけですもんね。

鈴木　もともと新入生は40人、2年生が10人、3年生が10人、全部で60人ピッチャーがおったんや。ほんで、その投げ方覚えて、1年の夏からわしがエースになったんや。

落合　エースになって、甲子園っていうのは？

鈴木　2年の秋に兵庫県で優勝して、近畿大会で優勝して、次の年（1965年）のセンバツに出た。そのとき、育英が優勝候補筆頭やったんや。「大会ナンバーワン投手、1億円の左腕」って言われて（笑）。どっちかといったら、もてはやされたわけや。

落合　ほおぉ。

鈴木　それが初戦で徳島商業に負けた。高校生活では最初で最後、一本も打たれたことないホームランまで、テレビで全国中継された中で打たれて、3対1で負けたんや。そのあと2日間休みやった。神戸で下宿しとったから、親父とおふくろのとこにいっぺん帰ろうと思うて、電車に乗って帰ったわけや。ほんだら親父が家に入れてくれへんねん。「おまえ何しに帰ってきたんや。あれだけ騒がれとって、1回戦でホームラン打たれて、3対1で負けて、そんなくよくよして、みんなの期待裏切っとって、ようぬけぬけと帰ってきたな。うちの敷居またぐな」って(笑)。

落合　はっはっは(笑)。

鈴木　もう夜の10時過ぎてて、田舎やから電車ないねや。だから親父が神戸の下宿に車で送ってくれた。高速もないから3時間半ほどかかって、着いたんは夜中。下宿の奥さんがびっくりして、「ボク、帰ったんちゃうの?」って。「いや、親父が入れてくれへんで……」って。おふくろは泣いとったけどね、車の中で。「啓ちゃん。お父さんな、あんたが憎くて言うてんちゃうで。あんたになんとか男になってもらいたい思うてな、頑張ってもらおうと思うてな、お父さん涙流して言うてんねやから、悪う取らんときよ」って。今思うたら、おふくろがええカバーしよったな(笑)。

で、甲子園で試合終了後にわしが生意気なこと言うたんやて。「今の心境どうですか?」って新聞記者に言われて、「甲子園はね、負けて大きくなるとこや」って、えらい強がって(笑)。わし覚えてないけどな。「高校時代に調子乗ったら成長せえへんで。ようし、見とれという気持ちがまた、自分の力になっていくんや」って言うたらしいわ。

▼ピッチャーにとって最大の屈辱は……

落合　鈴木さんが入団したのは、初めてのドラフトの年ですよね（1965年11月17日、第1回ドラフト会議）。

鈴木　初年度や。近鉄はわしを1位（指名）ちゃうからね。一通り12球団の1位が挙がって、13番目の指名がパ・リーグ最下位の近鉄やったんやて（当時は1位指名のみ抽選制で、2巡目からウエーバー制）。

落合　近鉄のドラフト1位は誰だったんですか？

鈴木　電電九州の田端（謙二郎）いうピッチャーが1位やったね。わしは2位で、あんまり期待されてなかったんや。

落合　でも、2位で背番号1番を着けるっていうのは珍しいんじゃないですか？

鈴木　うんうん、あんた、ええこと聞いてくれたね（笑）。初め（に提示されたのが）、四十何番やったんや。ところが「こんな番号要らん」言うたんや、わし。「何番欲しいねん？」って言われたから、「1番ください」って言うたんや。そしたら「鈴木君、プロ野球はね、ピッチャーは背中に2桁なかったらいかんのよ」って言われたんや。

鈴木　ほほぉ。

落合　わし、当時阪神ファンやったから、「そんなことないですよ、阪神の（ジーン・）バッキー、4番着けてますよ」って言うたんや。そしたら「あれは外国人だから」って言われたんや（笑）。「なんで1番欲しいんだ?」って言われたときに、「日本一のピッチャーになりたいねん」って、わし言うたらしいわ。また大きなこと言うとんねん（笑）。

鈴木　へっへっへ（笑）。でもそのとき、誰か1番を着けてたんですか。

落合　ショートしとった矢ノ浦（国満《くにみつ》）さんていう人が着けてたけど、その年にたまたまサンケイ（現・ヤクルト）へトレードになったんや。

鈴木　プロ野球でピッチャーが1番っていうのは、相当珍しかったんじゃないですか。

落合　1番着けんほうがよかったな……と思ったときもあった。オープン戦で押し出しのフォアボール出したりしてさ、近鉄ファンから「おまえ、まだ高校野球のピッチャーじゃ!」って言われてね（笑）。

わし、近鉄入ってびっくりしたの。というのはね、1年目、ベンチに入れてもろうたら、近鉄ファンが新人のわしなんかにヤジってくるわけや。

鈴木　はっはっは（笑）。

鈴木 何かっていうたらね、「鈴木、おまえら近鉄ちゃうねんぞ」って。「どういうことですか?」って言うたら「地下鉄や」って言うわけや。「シーズン始まったら潜りっぱなしやないか」と。パ・リーグのお荷物球団と言われとったらしいから、よそのチームのファンに言われるならわからんことないけど、(近鉄ファンから)そんなことを聞いてびっくりしてね。「ようし、見とれ、そのうちなんとか勝てるようにしようや」って。それで2年目から5年連続20勝以上したんよ(1967〜71年)。あの弱いチームでね。もう一回やってみいと言われたってできない。やっぱり屈辱を受けたからできたんやね。1年目から「俺もようやった」というようなシーズンだったら、できてなかったと思う。

落合 でも鈴木さん、1年目から二桁勝ってますよね(10勝12敗、189回、防御率3・19、6完投・3完封)。

鈴木 まあ、勝ってる言うても満足するような成績じゃなかったし、ノーコンピッチャーやったよ、わし。

落合 ええっ?

鈴木 高校3年間の練習で体が強くなって、もともと両親から授かった強い体にパワーをつけたけど、プロに入って初めはノーコンやった。藤井寺球場でのオープン戦で先発して、押し出しのフォアボール出して。一軍の監督が「こんなピッチャー使えるかい！」って、二軍のコーチを見て怒ってんねん。それから二軍に落とされたわけ。

当時、ウエスタン・リーグは5月にトーナメント大会があって、準決勝と決勝、わしが投げたんや。それで近鉄が優勝して、翌日から一軍に上げてくれて、また使うてくれた。「同じ負けるんやったら、今年入った鈴木使おうか」ということで（笑）。

落合 はっはっは（笑）。

鈴木 で、初勝利が5月の24日かな（東映戦、後楽園球場。5回から救援登板）。その後、初先発が南海戦（6月3日、日生球場）やったんやけど、だいたい強い南海とやるいうたら、近鉄のピッチャーは負けんの嫌やという感じで「肩痛い」「肘痛い」言うて仮病使う。そういうチームやったらしい。そんときも先発の人が「肘痛い」言うて、代わりに「おまえ行け」。でも、そんなんわしは知らんから。「投げさしてもらえんのや。よし、感謝の気持ちを持って投げよう」と思って投げたら、5対0で完封したんや。

落合 おおぉ。

鈴木 翌日、新聞全紙に出たんやけど、南海の鶴岡（一人）監督が談話でね、わしのこと、「近鉄に、というよりも、パ・リーグにすごいピッチャーが出てきた。これをパ・リーグのために育てないかん」と。

落合 ほおぉ。

鈴木　で、オールスターまでに5勝4敗やったんやけど、鶴岡監督が選んでくれたんや。だいたいあの当時は20勝以上が一流ピッチャーやったから、シーズン半分のオールスターまでには少なくとも10は勝っとかないと、監督推薦なんかで選べないねん。一応、初完封が南海戦やったから、そのときの印象が残っとったんかな。

落合　「ノーコンピッチャー」だったのが、どこでどういうふうに変わったのか、っていうのがあるんですけども。

鈴木　やっぱり球数を投げとる間に体が覚えたのと、野村（克也）さんやな。オールスターに選んでくれたんはうれしかったけど、野村さんと（バッテリーを）組まないかんから、サイン合わせしてるうちに球種も配球も、裸にさせられてしまってな。「シーズン中に投げてきとるチェンジアップみたいなボールはなんやねん？」「自称カーブです。（本来は）曲がるからカーブなんですけど、僕の、曲がりませんねん。コントロールも悪いから、そんなに勝負できるボールやないです」「なら、ここ一番はだいたいストレートか？」「はい、ストレートでお願いします」って言うて、自分で裸になってしもうたんやけどな。オールスター終わったらガンガン打たれた（笑）。

落合　はっはっはっは（笑）。

鈴木　こんなこと言うたらいかんけど、野村さんの場合、ホームラン打ったらね、ウロ

ルーキーイヤー（1966年）にオールスター出場。打者は巨人・王

ウロウロウロ走ってんねや。ピッチャーにとって、一瞬にして味わう最大の屈辱はホームラン打たれたときや。マウンドの上でじーっと立っとられへん。汗もかいてないのに帽子取って汗拭く格好してみたり、スパイクの紐もほどけてないのにわざとほどいて結び直したりして。その屈辱の時間が、ノムさんは普通のバッターの2倍長かったんや。だから、もうノムさんには絶対打たれたくないと。「ヒットやツーベースはええ、ホームランだけは打たれまい」と思って覚えたのが、アウトコース低めのコントロールや。

わし、ホームランを世界一打たれとんねん。560本。メジャーリーグでもないらしいよ。その560本の中で、アウトコース低めを狙ってびしっと決まったボールを、ホームラン打たれたのは記憶にない。右バッター・左バッター問わず。アウトコースを狙ったボールがちょっと甘くなった、高くなった、それをホームラン打たれたことはあるけど。

▼落合選手とは全盛時代に勝負したかった

落合　ピッチャーの基本線はアウトローですもんね。

鈴木　困ったらアウトローや、と。だからノムさんと次に対戦するまでに、アウトローのコントロールを何とか身につけようと。球種問わず、カーブでもスライダーでもフォークでも。それを覚えて、打たれることが少のうなった。ライト前ヒットとか、一塁線抜かれてツーベースはあったよ。でもホームラン打たれて、あの屈辱の時間の長いやつはなくなった。だからコントロールついたのは野村さんのおかげかなと。なんといっても、ちょうどわしがプロへ入る高校3年のとき、三冠王を獲られたバッターやから。

落合　ははぁ。

鈴木　野村さん、最高の年やったんやね。最初で最後の三冠王。落合選手は何回も獲ってるけどね。本当にすごいバッターやったから。

落合　いえいえ。

鈴木　忘れもせんねん。日生球場で、6回まで8対2で勝っとったかな（1980年7月12日、近鉄対ロッテ）。ほいで、あんたがピンチヒッターで出てきたんよ。

落合　7回ですね。

鈴木　7回やったかな。わし、インハイのスライダーをレフトスタンドまで持っていかれた（80年の第1号）。あれはわしにとってはこたえたね。

落合　あれがオレの、プロ野球界の出発点みたいなもんですよ。

鈴木　監督、誰やった？　山内（一弘）さん？

落合 山内さん。で、ホームラン打って、次の日からスタメンですもん。あれで凡退してたら、スタメンはなかったわけですから。

鈴木 その頃、わしはもう晩年やから、ハエが止まるようなボールでね（笑）。そんなボールでも打ったら自信にしてくれたんやなあ。ありがたいなあ。

落合 オレの野球人生を変えたホームランなんですよ。

鈴木 わし、落合選手にホームラン何本打たれた？

落合 5本打ってるんですって。

鈴木 もっと打っとるやろ。

落合 いや（笑）、5本です。今言った2年目のホームランが初めて。あと4本打ってるんだけど、その記憶がないんですよ。

鈴木 わし、野村さんには20本ぐらい打たれてる（19本）。長池（徳二）選手にも20本以上打たれてる（22本）。ロッテやったら、有藤（通世）選手には結構打たれたと思うよ（20本）。（レロン・）リーとか、あんなんには全然打たれへん。せやから「ジャパン・ナンバーワン・ピッチャー」って言いよったもん、わしに（笑）。

落合 そりゃ当時、ナンバーワンのピッチャーですよ。

鈴木 そんなことないよ。わしがコントロール良かったっていう記憶なんかないやろ。

落合　いやいや、コントロールいい、フォアボールは絶対出さない、そういうイメージしか持ってないですよ。

鈴木　ほんまかいな。そんなにええイメージ持ってくれとったんか。「大したピッチャーちゃうのに、なんであんな勝ったんやろう」ぐらいに見とんちゃうかなと思って。

落合　鈴木さんイコール、フォアボール出すの嫌い。ベース盤の上で勝負する。デッドボールは絶対ない。

鈴木　気持ちの上ではね。絶対逃げんの嫌やったから。

落合　ええ。だからデッドボールなんて考えたことなかったですもん。

鈴木　バッターに当ててどうのこうの、

っていうのは毛頭なかった。ホームベースの上でうま〜くコントロールしてなんとか打ち取ろうという、そういう気持ちしかなかったね。

落合 鈴木さんというと、オレの中では真っすぐのイメージしかないんですよ。

鈴木 わしね、落合選手に向かってはとりあえずもう、インハイのストレートで三振取りたかったんや。

落合 よく三振しました(通算7年・74打席で12三振)。はっはっは(笑)。

鈴木 何をおっしゃいまんねん(笑)。落合選手は三振少なかったから、インハイのストレートで三振取ったら気持ちええやろうなと思ったんやけど、さっきも言うたとおり、晩年のわしはハエが止まるような遅いボールやったからね。気持ちよく三振が取れるなんて思ってなかったね。

無理なことやったけど、わしの全盛時代に勝負したかったなという気持ちはあったね。その頃やったら「真っすぐで三振取りたいな」という気持ちがあったんやけど、当時はもうそんな速くなかったから、落合選手がインハイの真っすぐを待っていたら、その読みと期待どおりにはよういかんかったね。こっちは怖くて。

落合 いやあ、でも必ず最後はインサイドの真っすぐで勝負してくるっていうイメージです、オレの中では。インサイドで抑えられたイメージしか持ってないんですよ。

鈴木　ほんまに？
落合　ええ、速かったですよ。
鈴木　速かったというか、コントロールもそこそこ良かったんかね。
落合　コントロール良かったんですって（笑）。
鈴木　ノーコンピッチャーやったのに（笑）。コントロールといえばね、320勝投手の小山（正明／元阪神ほか）さんが〝針の穴を通す〟コントロールの持ち主やったんや。73試合の無四球試合の日本記録を持ってたんやね。ところが、終わってみたら78試合でわしが破ったらしいやん。だから本当に、球数投げたのと、野村さんにホームラン打たれたくないからアウトローのコントロールを身につけたからやなと。人間ってわからんもんや。

▼300勝の試合後、西本さんからの一言

落合　話を元に戻しますけど、1年目に新人王は獲ってないんですよね？
鈴木　獲ってない。〈該当者なし〉や。
落合　今の時代だと、〈該当者なし〉っていうのはあんまり考えられないんですよね。

鈴木 その1年目、うらやましいなあと思ったんが堀内（恒夫）。同期やねん（1966年に16勝2敗、防御率1・39という成績でセ・リーグ新人王）。

落合 あぁ、はい。

鈴木 ドラフト1位で巨人や。マウンドで投げてるとき、右側見たら長嶋（茂雄）さん、左側見たら王（貞治）さんが守ってくれてるわけや。それでお客さんは超満員やし、こんなチームで投げたいなあと思ったよね。わしが近鉄入って一軍のベンチへ入れてもらったとき、先輩たちが先にベンチ入っとって、「おい、新人。今日お客さん何人入っとうか数えてみい」って言われた。

落合 えっへっへ（笑）。

鈴木 それでずーっと外野から数えて、「83人ほどですわ」って言うた。「ほな、入っとるやないか」って言われてね。そんな状態でスタートしたんですよ。2年目になって、うらやましいなあと思ったんは江夏（豊／当時阪神）やったね。「次の巨人戦で長嶋さんから三振取る」「王さんから三振取る」って言うたら、一面にデカーッと載るわけや。近鉄なんて載れへんねん。雑観程度にちょろっとや。わしが200勝したときでも、名球会なかったから（1977年4月26日、ロッテ戦で達成）。

落合 ああ、まだその当時……。

鈴木　なかったんや（日本プロ野球名球会発足は1978年7月24日）。名球会まであと何勝やとかいうのがない。だから、雑観程度で〈鈴木200勝〉だけやったからね。

落合　くうぅ……。

鈴木　寂しかったよ。でも、満足したら人間、成長しないね、落合さん。なあ？

落合　だと思いますね。

鈴木　わしね、20年間投げ続けてきて、25勝したときあるんやね。25勝して、チームは2位やねん（1978年）。22勝したときも2位やねん（1975年）。それで契約更改に行くと、「鈴木君ばっかり給料上げるわけにいけへんねん。チームがもうちょっと頑張ってくれとったら、上げられるんやけどな」と。いつもそういう契約やねん。

落合　ううむ……。

鈴木　西本（幸雄）さんが近鉄に来られて、2年連続優勝したやないですか（1979、80年）。そのときはね、わしは10勝、14勝やねん。それよりも井本（隆）とか柳田（豊）とかのほうが、西本監督には信頼があったわけや。だから日本シリーズで広島とやったけど、わしは広島の打線と勝負するというより、どっちかといえば、「西本監督に俺をもう一回認めてもらいたい」という気持ち。わしの敵は西本監督やったんや。

それでわし、しょうもないこと言うてしもうてね。今思っても冷や汗が出るんやけ

西本監督と勝利の握手を交わす(1977年)

ど。4対0で完封したんよ、2戦目にね(79年)。試合が終わってNHKのインタビューのとき、たまたま一塁側のベンチ見たら西本さんがおられた。「監督〜、見たかな⁉」って言うてしもたんや。

落合　えっへっへっへ(笑)。

鈴木　それぐらいアホなこと言うたのも、監督になんとか認めてもらいたいと。日本シリーズの第1戦の先発は井本(79年)、柳田(80年)や。わしは2年続けて第2戦に投げて完封、完投(80年/9対2)や。西本さんはわしの性格をつかんでくれとった。「おまえは褒めて育てて『おまえが頼りや』と言うたらあかんねん」「どっちかいうたら『おまえは頭にないぞ』って言うたほうが、牙むきよんねん」って言うてね。そういうところまで読んでいただいとったんやなという気持ちがあるね。

300勝する前、270勝ぐらいのときに、わし、監督のとこ行ったんよ（5勝11敗に終わった1981年のシーズン終盤）。「チームに迷惑かけとるし、給料は日本のピッチャーの中で一番高いのに、役に立たんと、ごめんなさいね。なんやったら来年からユニフォーム脱ぎましょうか?」って言ったんや。ほいだら「おまえの目を見たら、そんな辞めたそうな顔してへん」って。

落合　ふっふっふ（笑）。

鈴木　「辞めんのはいつでも辞めれるから、もうちょっとしんどい道、選んでみい」って。その言葉がなかったら、300勝もできてなかった（3年後の1984年5月5日、日本ハム戦に8安打3失点で完投勝利し、戦後生まれでは唯一の300勝を達成）。

落合　300勝したときは、どんな気持ちでした?

鈴木　いやあ、もうこれでいつ辞めてもええわと思った。ところが、そのときも西本さんや。もう監督辞めてて、家でわしの300勝がかかった試合をテレビで見とったらしい。藤井寺球場でデーゲームや。で、そのときのアナウンサーが「このまま勝てば、ベンチ裏の食堂で簡単なお祝いパーティが催されるそうです」と言うたらしいわ。

落合 ほおぉ。

鈴木 西本さん、「そんなことやんのやったら、俺、行ったらないかん」って、自分で車運転してね、わざわざ藤井寺球場まで来てくれてはったんや。

落合 おおぉ。

鈴木 そのときに言うた言葉がね、初めはありがたい。「スズ、おめでとう」って。「監督、来ていただいたんですか！」って言ったら、「これで終わりちゃうで」って。「これからあとなんぼ勝つかがおまえの値打ちになるからな」って言われたんや。だから300勝したのも、あと17（勝）積み上げたのも、西本さんのおかげやったなと。「辞めんのはいつでも辞められる」って言われたとき、代わりに、「そうか、そんならもう辞めえ」って言われとったら、その時点で辞めとったわな。

それと、「選手の前でおまえを名指しで怒って悪かったな」って。普段は言わんこと言うてくれはった。「おまえを怒っとったら、ほかの選手に示しがついたんや」って言うてね。

落合 てっへっへ（笑）。監督ってよくその手、使いますよね。

鈴木 そうか。

落合 ええ。

戦後生まれでは唯一の通算300勝を達成(1984年)

鈴木　そやから西本さんにわしは利用されたんやけど、そないして怒られたおかげで「この野郎、よし、来年見とれ」という気持ちになれた。それもまた、わしの性格を西本さんがつかんでくれてはったからやなと。だから西本さんに育ててもらい、西本さんにやる気を出させてもらったという、そういう野球人生やった。ありがたいね。

▼走らなかった野茂――「彼だけはわからんわ」

落合　鈴木さんといえば、よく走ってたでしょう。

鈴木　金田（正一／元国鉄、巨人）さんに「走れ、走れ」って言われたから。車でいうたら、走るっちゅうことはガソリン入れてんのと一緒やと思うた。ピッチャーとしてね。走らんかったらガス欠起こす。走れる間は大丈夫。ボールは腕で投げるんじゃなくて足腰で投げる、という感覚しかなかったから。

落合　あとは腹筋？

鈴木　まあ腹筋もそうやろね。でも走っとったら、足のほうは大丈夫やね。それを同じようにして、近鉄の監督のとき、野茂（英雄／元近鉄、ドジャースほか）あたりに「走れ、走れ」言うたら、もう拗《す》ねてしもうて（笑）。自分の感覚で「人はついてきてくれる」

「育ってくれる」と思うたけど、あかんわ。彼だけはわからんわ。3つカンカンカーンとフォアボール出しよんねん。それで代えなあかんな、と思ったら、3つ三振取りよんねん。そういうピッチャーやったからね、わかれへん。で、走るとか、投げ込むとかいうのをしないね、あの子はね。

落合　ははぁ……。

鈴木　それでも勝っちゃったから、「もうちょっと走り込んでみいや、もうちょっと投げてみいや。今で15勝も16勝もできんねやから、やったら20勝ぐらいすぐできるで」って言うたけど。立花（龍司）っていうトレーニングコーチ（当時の役職名はコンディショニングコーチ）がおったんや。あれが向こうの、アメリカのやつ（トレーニング方法）ばっかり。まあ本人は勉強したんやろうけど、野茂に勧めよったんや。

落合　「ピッチャーは走れなかったら投げられない」っていう基本がわかんないんでしょうね。

鈴木　そういう経験もないんやろね。わしはやっぱり、先ほど言うたように、車でいうたらガソリン入れることが、ピッチャーにとっては走ることやと思って。足が痛くて、走れなくなったときはピンチやね。

落合　村田（兆治）さんもそうでしたもん。相手の練習が始まっても、ポール間を走っ

近鉄監督時代の1994年、練習中に野茂と言葉を交わす

てたっていう記憶しかないですもん。

鈴木　村田も不器用な男やったけどな。でもやっぱり、自分なりにつくったフォームやったな、あれも。あいつしか投げられないフォームで投げとったもん。

落合　やっぱり鈴木さんも、（辞めたのは）走れなくなったからっていうのはあります？

鈴木　後楽園の日本ハム戦（1985年7月9日）でさ、ランナー一塁でバントを捕りに行くのに、足が痛くて行かれへんのや。もう走られへん、引退やなと思うた（翌10日に現役引退を表明）。でも走れるうちは大丈夫やった。

落合　じゃあ、それを監督になってから実行したわけですね。

鈴木　選手にうまくなってもらいたいと思うやんか。なんとか一つでも勝ってもろて、奥さん喜んでくれたり、子どもも喜んでくれたりしたらうれしいと思うやんか。それが裏目になって、わしが一方的に説教じみて言うとるみたいに思われたんや（笑）。

落合　あぁ……。

鈴木　持っていき方が下手やねん。あんたみたいに柔らかいとこあったらええねんけど。

落合　優勝するために、これは絶対しなきゃいけないからっていうんで、あとは選手に任せた。その代わり練習時間は長かったですけど。

鈴木　やっとったね、キャンプで。けど、柔らかい物の言い方で選手に伝えよったわな。わしが物言うたら、説教してるみたいに言われんねんて。えっへっへ（笑）。

▼〝草魂〟の由来

落合　鈴木さんっていえば〝草魂〟ですよね。

鈴木　早く結婚（早婚）ちゃうで（笑）。

落合　いやぁ、草魂、草の魂ですよ（笑）。

鈴木　人生訓はそれやけど、グラウンド訓は〝走る魂〟やで。

落合 あっ、走る魂。

鈴木 〝走魂〟。グラウンドの中では。

落合 字が違うんですね。それはどこからきたんですか。

鈴木 バカな頭で考えたんや。同じ〝そうこん〟やし、別に悪くないわと思ってな。草魂っていうのは、わしがプロ入って3年目か4年目ぐらいに家建てたわけや。そこが昔、雑木林でな。ブルドーザーでバーッと造成して。車で上がる坂道も、土やったら雨が降ったらびちょびちょになってしまうから、アスファルトにしたわけや。これで大丈夫や思うたのに、1年ほどしたらアスファルトを割って雑草が生えてきとんねやんか。昔、雑木林やったもんやから、雑草の根が残っとったんやろうね。

これ、きれいなチューリップだとか菊の花やったら、アスファルト割ってまで出てこうへんなと。やっぱり雑草って強いもんやなと。よし、わしもこの気持ちを自分に言い聞かそう、踏まれても踏まれても這い上がるで、と。だから本当に自分の造語やねん。

落合 じゃあ、〝そうこん〟は二つあるわけですね。

鈴木 ふっふっふ(笑)。グラウンドでは走る魂。人生訓としたら、草の魂やね。

落合 あと、流行語大賞にもなった〝投げたらアカン〟っていうのは?

鈴木 同じようなことや。〝投げたらアカン〟言うといてな、監督しよって、自分でシーズン中に辞めてしもうたりな(笑)。

落合 はっはっはっはっは(笑)。

鈴木 〝投げたらアカン〟は極端に言うたら「諦めたらいかん」いうことや。「最後まで粘り強くやれ」っていうことや。〝草魂〟と一緒や。近鉄が今までで一番、連勝なんぼしたかいうたら、13連勝やねん(1994年7月26日〜8月10日)。

落合 ほほおぉ。

鈴木 それ、わしが監督2年目のときにやっとる。そんなん知らんかったけどね。わしがなんにも動かんと「それいけ、それいけ」と言うとるほうが良かったみたいや(笑)。

落合 はっはっは(笑)。監督在任は3年間ですよね。

鈴木 3年。

落合 一番楽しかったことっていうのは、何かありますか?

鈴木 楽しかったことはない。監督でもう、どっちかいうたらイメージもダメになってしもうたし、人を動かすっていうのは難しいなと思うた。その点、落合監督なんか立派やんか。うまいこと人を動かしたやん。柔らかく物言うて。半分冗談かなと思ったら、本気やもんな(笑)。

落合 はっはっはっは(笑)。冗談言わないですもん。辞めてから、監督のオファーってのはありました？

鈴木 ないない。わしは失敗監督やから二度とないわ。またしたいとも思わない。それをまだ〝草魂〟やとか〝投げたらアカン〟という気持ちがあんのやったら、「よし！ 今度は監督でやったろか」っていう気持ちで勉強するんやろけどね。自分のことは自分で何とかできんねん。人を動かすっちゅうのは難しいな。

落合 どっちかというと、人に任せるっていうようなことではないですね。

鈴木 任せる度量がないな。

▼「仕事ですやん！」

落合 鈴木さんは今の野球界をどう思います？

鈴木 特定の選手ばっかり取り上げられてるけど、「その選手ばっかりがプロ野球選手やないで」と言いたくなるね。もっと12球団、ある意味で平等に扱ってもらいたいね。いい選手は「いい」、悪い選手は「悪い」と。例えば、大谷（翔平）がアメリカで二刀流で頑張ってる、そればっかりが野球選手の象徴や、というような物の言い方をするでしょう。日本でも素晴らしいピッチャーもおるし、素晴らしい野手もおるから、それはそれで、ほんまもんとして扱ってもらいたいなと思うね。

落合　それはマスコミの考え方なんでしょうね。

鈴木　それと、完投するピッチャーが少のうなったね。7回ぐらい投げて「もう満足や」というような。7回まで投げて1点か2点しか取られてなかったら、最後まで投げ切るというピッチャーがもっと出てきてほしいね。日頃、それぐらいの練習しといてほしい。

落合　それはキャンプからの投げ込み不足っていうところに行き着くんじゃないんですか。

鈴木　それもあるし、先ほど言うた、走り込みというね。やっぱりガス欠を起こすねん、みんな。わし、初めに言うたとおり、高校時代の3年間で特に走るのがしんどかった。こんなきつい監督、顔見るのも嫌やと思うたけど、あの監督のおかげで体力がついたなというものを感じさせてもらった。

　だから、近鉄で初日の練習に行ったとき、先輩たちが簡単な練習してフッと遊びに行くから、プロってこんな軽いんかと。だから弱いんやなと。わし、遊び行くとこも知らんし、残って投げよう、残って走ろうと思ってやったら、「あいつ野球しかやらんのかい」って先輩たちが言いよった。仕事ですやん！　野球が。

落合　ええ、ええ。

鈴木　残ってやって、走ることに対しても、投げることに対しても、最終的にスタミナができたよね。ボールは腕で投げる、肩や肘で投げるというんじゃなくて、足腰で投げる。そういうバランスを投げとる間に覚えた。そのためにやっぱり走った。何もわからんなりにやったことが良かったんやなって。

落合　「練習は嘘つかない」っていうのを地で行ったわけですね。

鈴木　まあ、そやねえ。練習しなかったら、そんなに人より図抜けたとこなかったと思うねん。たぶん弱いチームが性に合《お》うとったんやろね。西本さんが言うたとおり、「おまえが頼りやぞ」と言われたときは裏切っとったし。

落合　でも、弱いチームでそこまで勝つっていうのは、大変なことですよね。プロ野球界で４番目の勝ち星ですよ。３００勝投手はもう出ないんですよ。

鈴木　結局、満足せんかったから良かったんや。わしみたいな単純な人間は、満足したら調子に乗るから成長がなかった。ところが、チームも良かった、自分も良かったというシーズンが一度もないから、いつもシーズンオフは「ようし、来年見とれ」という気持ちでトレーニングしとった。だから20年もやれたんかなと思うよ。

対談動画はこちらから

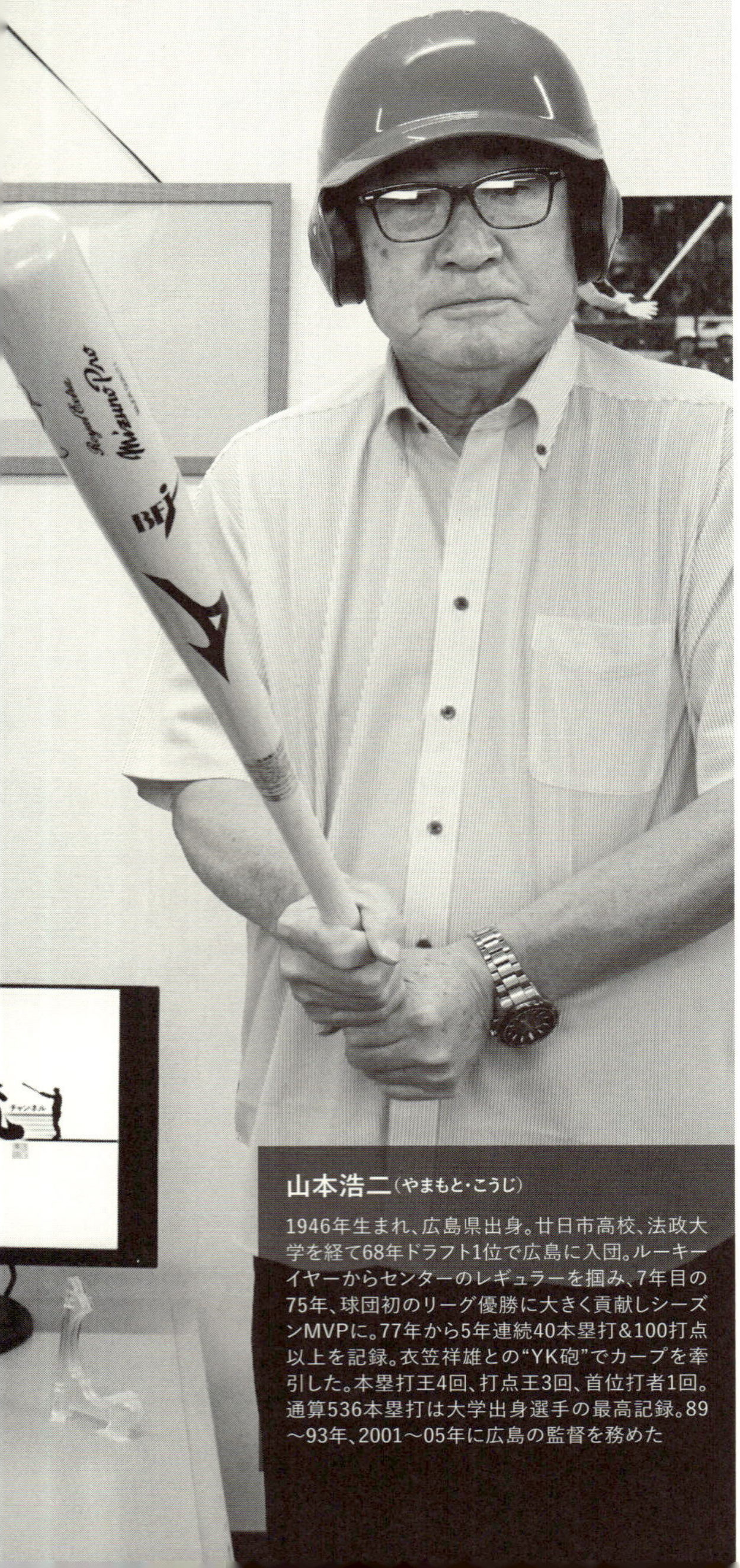

05

山本浩二

KOJI YAMAMOTO

山本浩二（やまもと・こうじ）

1946年生まれ、広島県出身。廿日市高校、法政大学を経て68年ドラフト1位で広島に入団。ルーキーイヤーからセンターのレギュラーを掴み、7年目の75年、球団初のリーグ優勝に大きく貢献しシーズンMVPに。77年から5年連続40本塁打&100打点以上を記録。衣笠祥雄との“YK砲”でカープを牽引した。本塁打王4回、打点王3回、首位打者1回。通算536本塁打は大学出身選手の最高記録。89〜93年、2001〜05年に広島の監督を務めた

「衣笠とは初優勝してから
仲良くなった。お互いに
家に行ってメシ食ったりな」

広島カープ伝統の猛練習の礎を築いた通算536本塁打の〝ミスター赤ヘル〟が明かす、1975年の初優勝につながる〝赤ヘル旋風〟の舞台裏。そしてライバル・衣笠祥雄との知られざる関係——。

▼〝ちょうちん会〟の縁で鶴岡監督が視察に

落合　小さい頃の浩二さんはどんな子供でした？

山本　4人きょうだいの末っ子なのよ。子供の頃は兄貴の後ろについていって、田んぼで野球やったり、三角ベースやったり。オチも一緒じゃないか？

落合　そうですね。だいたい野球か相撲ですよ。小学校の頃は？

山本　小学校の頃も野球だね。ほぼ外よ、遊びは。

落合　中学校に行って野球チームに入ったわけですか？

山本　そう。中学校で本格的に野球部っていうのに入って。当然、軟式。部員は結構少なかったなあ。12〜13人かな。あんまり強い学校じゃなかったから。

落合　で、高校に行くわけですけども、そのときにプロ野球界は頭にありましたか。

山本　ないないない。親が「勉強しなさい」って言う家庭でね、すぐ上の兄貴は高校に行くとき野球やめさせられてるわけ。要は、そこそこ頭良かったわけよ。

落合　浩二さんは？

山本　わしは野球そのまま。結局、兄貴が高校に入って野球からバレーボールに変わって、一流の選手になっとるからね。たぶん「今度は子供の言うとおりにさせるか」っていうんで。で、広島では名門の広陵高校っていう――。

落合　広島といえば広陵と広島商業ですね。

山本　そう。その2校のうち、誘いは広陵からあったわけ。でも、高校は廿日市《はつかいち》高校っていう近所の高校に行ったの。広陵は当然、百何人も部員いるわけよ。それでダメだった場合というのを親も考えるじゃない。だから広陵には申し訳ないんだけど、学力的には低いほうやから、県立の廿日市高校に行ったわけ。

落合　廿日市高校って、勉強できる学校ですか。

山本　普通科やから、そこそこじゃない？　そこは部員が10人ちょっとやから、そんな強くはないんやけど、3年のときは県のベスト4まで行ったからね。でも、その前の2年のときは部員が8人しかいなかったのよ、秋には。秋の大会は陸上部から選手を借りてきて試合したわけ。一人、頭にデッドボール食らって中止になったこともある。

落合　高校のときにプロ野球から指名とかって話はなかったんですか？

山本　あったみたいだけど、わしは南海の鶴岡一人さん（広島商高→法政大）に大変世話になってな。〝ちょうちん会〟ってあったわけ、鶴岡さんを囲む会が。広島にもちょうちん会の人が一人いたわけ。その人が後援者というか、わしの親父みたいなもんで、「高校からプロへ入らないんなら、大学行ったほうがいいだろう」と。実は、高校3年の春にね、鶴岡さんが高校のグラウンドに見に来たことがあったの。

落合　その当時、鶴岡さんは監督？

山本　南海の監督。

落合　ほぉぉ。

山本　後から聞いたら、平和台（球場／福岡）でゲームがあって、移動日の帰りに寄ってくれたって。ちょうちん会の人が頼んで、見に来たのよ、わしをな。……どれだけ緊張する？

落合　えっへっへ（笑）。

山本　一人だけじゃないの、緊張してるのは。バッティング練習が始まったら、バッティングピッチャーもめちゃくちゃ緊張して、速いボール投げるわけだよ。全然うまくいかん。ピッチングも見てもらって、覚えてないぐらい緊張したわ。そんなことがあって、「大学だったら法政に行ったほうがいいだろう」という鶴岡さんの言葉で――これはまた聞きなんやけど。それで法政に行って。

▼〝法政三羽烏〟誕生の経緯

落合　大学の部員数はどのくらいいたんですか。

山本 1年生だけで70人ぐらいいたんかな。ピッチャーは毎日バッティングピッチャー。投げる相手が長池(徳二)さん。わしが1年生のときに4年生やから。

落合 あっ、長池さんも法政なんですね。

山本 うん。カープの先輩で鎌田(豊)さんという人もいたの。レギュラーになったのは、3年からやったんかな。

落合 それは外野手で?

山本 外野で。ただ最初はピッチャーで入って、新人戦では田淵(幸一)とバッテリー組んで、先発しとんのよ。

落合 へぇ。

山本 わしもいろんな変化球持っとんのよ。でも、全部真っすぐのサイン出すんだよ、ブチが(笑)。当然打たれるわな。結局、4回を1点で抑えたんだけど、途中でブチを呼んで、「なんでおまえ真っすぐしか投げさせんのよ?」って聞いたら、後ろで松永(怜一/当時の法政大監督)さんに「真っすぐしか投げさせるな」って言われてたんや。まあ、わからんことないけど、結局あんまりいい成績じゃなかったわけ。

その後に野手に転向して、トミ(富田勝)と2人、松永さんにめっちゃくちゃ鍛えられてな。全員の練習が終わった後、2人でノックなの。内野と外野で1球ずつ交互に

落合 打ってくるわけ。もう暗くなるまで、ボールに石灰塗ってまでやるわけ。

山本 はっはっはっは（笑）。

落合 これはねえ、しんどかったなあ。

山本 それだけ期待されてたってことですよね。

落合 それはわかるけど、「なんだこのクソおやじ！」って思ったな（笑）。うんと鍛えられて、なんとか2年の秋から出始めて、そこそこ打ったりして。結局、4年になって〝法政三羽烏〟（山本、田淵、富田）と言われたけど、トミがいなかったら早めにお手上げしてたかもわからんな。それほど苦しかったの。トミも頑張ってて、「負けるわけにいかん」って思うじゃない。プロに入っても、法政のときの練習のほうがきつかったから。

山本 大学のときは、だいたいどのくらい打ったんですか。

落合 4年のときは3割打って、ホームランは6本かな。ベストナインにも選ばれて。でも、2年の秋は1、2打席凡退したらすぐ代えられて。田淵はもう1年のときから出て、4本もホームラン打っとんのやから。

山本 へぇ。

落合 これはプロになってから松永さんと対談して聞いた話やけど、田淵は1年のときからもう将来の4番というのを決めてたわけよ、松永さんが。それで3番と5番を打っやつを探して、我々が白羽の矢を立てられて、鍛えられたわけ。

落合 ほかに候補はいなかったんですか。

山本 いたんじゃないかな。でも2人だけやったな、最初から最後まで鍛えられたのは。

落合 じゃあ、もう既定路線ですね。この2人で3番、5番っていうのは。

山本 それがはまったわけやけど、「それやったら、はよう言ってくれよ」っていう感じよな。でも、そのときのおかげでここまで来てるわけやから。それが土台だね。

▼まずは守備で使われるようになった

落合 法政大学からドラフトにかかって広島に入るわけですけども、当時、スカウトは何球団ぐらい来ました?

山本 スカウトはね、知らない。

落合 やっぱり会ってないんですね。田淵さんにも東尾(修)さんにも聞きましたけど、スカウトの人とほとんど会ってないって言うんですよね。

山本 会ってないね、わしも。例えば監督とか、周りに行ってるんかもわからんし。スカウトといえば励みになったのはね、1年の秋かな、バッティングピッチャーやってるとき。1、2年生の練習の面倒を見る新人監督（4年生の学生コーチ）に、練習が終わった後、「山本浩二ってのはおまえか。阪神が気にしてるみたいやぞ」って言われたの。これはまったくこっちが知らんことやし、高校時代の実績はそう大したことないし。この一言はね、ものすごい頭に残って、「よーし、頑張るぞ」って勇気づけられた言葉やった。

落合 無事に広島に指名されて、そのときのお気持ちは？

山本 やっぱりうれしかったよ。

落合 契約金は現金でした？　振り込みでした？

山本 知らん。交渉はわしの保証人の人がやっとったから。

落合 じゃあ、現金を目の前に積まれたわけじゃないんですね。

山本 ない。当時は契約金が最高1000万、年俸が180万。おまえも一緒やないかな？

落合 オレのときは最高額は3000万円でしたね。

山本 ああ、そう。我々は一番割が悪かったときなの。

落合 山崎さんの問題からですよね（※1965年、東京オリオンズに入団した山崎裕之の獲得競争で契約金が高騰したことが議論となり、ドラフト制度誕生のきっかけのひとつになった)。それで建前上、1000万が上限になったんですよね。オレのときも上限3000万円とされていて、でも実際は5000万、1億もらった選手もいるからね。

山本 そうやろ。いまだにそういう金の面ではあんまり優遇はないね、我々の世代(笑)。年俸もおまえが最初に1億いったろ? その前(の日本人選手最高年俸)、わしやからな。8500万。球界全体の年俸が上がっていったのは、わしらが貢献者やな。もし今の時代なら……「たられば」はないけど、置き換えたらなあ。

落合 今だったら10億いってますよ。

山本 10億はないやろうけど。

落合 今はタイトル1個取っただけで、すぐ1億いく時代ですから。

山本 うらやましいね。本当に時代が悪かったよ(笑)。

落合 で、浩二さん、1年目からゲームに出てるんですね。

山本 出てるよ。入ってね、まず守備からよ。めちゃくちゃ肩強かったんだよ、わし。

落合 へっへっへっへ(笑)。

山本 本当に(笑)。あのイチロー(元オリックス、マリナーズほか)の肩、あれに匹敵するぐらいの強さがあった。

落合 元ピッチャーですからね。

山本　そう。で、コントロールもいいし。だから、守備のほうでまずレギュラーっていう感じやな。開幕2戦目、中日戦やったな（1969年4月13日、広島市民球場、ダブルヘッダー第1試合）。センター守ってて、負けてるのよ。9回の表、中日がランナー三塁で、バッターがライトへ打ってきたわけ。当時のライト、山本一義さん。

落合　ああ、はい。

山本　山本さん、ちょっと肩が……。それをセンターから横取りして、バックホーム、ノーバウンドで投げて。ランナーは江藤慎一さん。タッチアウトで球場がワアッと沸いたわけ。そこから入ってるんだよね。

▼カープの猛練習の伝統が生まれたのは……

落合　当時の監督さんは誰でした？

山本　根本（陸夫）さん。すごい怖い人やったよ。

落合　根本さんが？

山本　うん。後から考えてみれば、根本さんがカープの監督を辞めた後、3年後に優勝してる。また西武で監督やって、廣岡（達朗）さんが監督のときの土台を作って。（ダイエー）ホークスでも監督やって、王（貞治）さんを呼んできて。全部、土台を作ってる。先のことを考えて、それをやられたんやろなと思って。その代わり、めっちゃめちゃ怖かった。顔が怖いやろ（笑）。べらんめえ調でね。だからみんなピリピリしてやってたね。

で、山本浩二が入った。衣笠（祥雄）がいる、三村（敏之）がいる、水谷（実雄《じつお》）がいる、水沼（四郎）も。「こういう連中を鍛えて、何年後かに優勝を争えるチームにしよう」というスタッフミーティングがあったらしいのよ。それで打撃コーチに関根（潤三）さん、内野守備コーチで廣岡さんが入ってきて。2人とも根本さんが呼んだの。

落合　はい。

山本　2年間、それこそゲームがある日もめっちゃくちゃ鍛えられてんの、我々若手が。で、ゲームに出るやろ。成績はあんまり良くない。けど、厳しい日々を1年中過ごした。オフもなくて。後から思えば、優勝できたのもあのときに鍛えられたからっていう。

落合　広島の練習の伝統っていうのは、そこから始まったんですね。

山本　そこからなの。その後、ものすごく周りにそれを言われるじゃん。今度はキヌ（衣笠）とわしが先頭になってやったもん。全体練習が終わっても自分たちの練習をやれば、後輩は帰れんじゃない。そういう雰囲気になってきたのよな、チームが。キヌが亡くなる前にいろんな話したよ。「カープがここまでになったのも、わしらが先頭に立ってやったからだ」と。そういうふうに2人で自負しよったの。

落合　その伝統がちょっと薄れつつあるんじゃないですか、今。

山本　なんやろねえ……。もちろん選手の技量もあるだろうし。でも伝統は続いてるよ。

落合　そうですか。オレが解説者やってる5年間（1999〜2003年）、「12球団のキャンプを回らせてくれ」っていう条件で新聞社と契約したんですけども。当時、「練習してるなあ」って思うのは、広島とダイエーだけでしたもん。あとの10球団は、「何しに来てるんだろう」っていうような感じで見てました。広島は過去の伝統が残ってるんだなあっていうことでね。

山本　自分でもやってきた中でいまだに続いてるのは、一番は、あいさつをする。これ、大事なことじゃないか。グラウンドレベルに来た人は誰かの知り合いだと。今でも「キャンプ地に来たこの人は、顔は知らないけど、誰かの知り合いやろうな」って、帽子取って、止まってあいさつをしていく。これがひとつの伝統になってる。

落合　へぇえ。

山本　これはね、素晴らしいことだと思うね。人間として。こういう伝統はね、やっぱ、うれしいよな。

山本・衣笠の「YK砲」が赤ヘル打線の看板だった

▼ライバル・衣笠祥雄との知られざる友情

落合　1年目は、新人王は田淵さんですよね(1969年)。

山本　そう。オールスターに田淵は出る。富田も2年目に出る。自分は出れてないわけやから、その悔しさが残ってて。だから本当に仲のいい、よきライバルなんやな。仙(星野仙一)にしてもそうなの。いざユニフォームを着ると「負けない」という気持ちをお互いが持ってた。それがチームの中にもある。これが衣笠やった。

落合　ドラフトは衣笠さんのほうが早い?

山本　キヌはドラフトがまだないとき。

4年早く高校から入っとるわけやから（1965年に平安高校から入団）。

落合　じゃあ、歳は一緒ですか？

山本　歳は一緒なのよ。入って、タメ口をきくようになるじゃない。でも、付き合いはほとんどなかったね。ユニフォーム着てるときだけ。

落合　仕事場だけね。

山本　仕事場では話をする。

落合　プライベートはまるっきりなしね。

山本　そう。お互い負けたくないから。キャンプからものすごい意識するのよ。「あいつ、まだ残ってやってるな」と。そこから始まってるわけ、2人のライバル関係は。それがずっと続いて、最終的に仲良くなったのは初優勝してから（1975年）。2人で抱き合って、ものすごい喜んだの。それまではお互い、打席に入ると「打つなよ」って思ったりするじゃない（笑）。

落合　はっはっはっは（笑）。

山本　ところが優勝を経験すると、こんな感激することはない、もう一回優勝したいと。我々も中堅になり、ベテランの部類に近づいていくじゃない。優勝するためにどうするかって、2人で話しながらね。家が近かったから、お互いに家に行ってメシ食ったりな。

落合　ほお。

山本　そういう関係が始まったのよ。ライバルなんだけど、口で言えるライバルになったの。それまでは腹の中に収めてて、負けるもんかというのがあったのが、優勝を境に、「どうしたら打てるようになるのか」「おまえの今のバッティングはこうやから」って、お互いに言えるようになったわけ。これは大きかったね。

落合　あんまり報道されてない部分ですね。本人同士がしゃべらなければ、表に出ない話ですよね。

山本　だから辞めた後、2人でトークショーがあったとき、お客さんの前でそういうことを話すと、みんな「へぇ～」って。嫌いじゃないんやけど受けつけない、というところはあったの。でも「優勝するためには」って、お互い一目置くようになったよな。

▼〝赤ヘル旋風〟が始まったオールスター

落合　浩二さん、7年目で首位打者を獲るんですよね（1975年、打率・319／30本塁打／84打点で自身初の首位打者）。

山本　首位打者が優勝の年なのよ。

落合　7年目が優勝の年？　じゃあ、（ジョー・）ルーツ（監督）が退団した年ですか？

山本　そう。ルーツはその前の年にコーチで来てるんやな。で、監督になったときに、キャンプで「セブンスイング」というバッティング練習。メジャーと一緒なんだよね。7本スイングして、打って一周して、またもう一回。それを3回か4回繰り返す。

落合　ああ、バントやって、右打ちやって、それでエンドランやって、何本か打って、ファーストベースで……。

山本　そう、ランナーに行って、還《かえ》ってきて、っていう繰り返しな。（打つ本数が）少ないから、大事に打とうとする

1975年のオールスター第1戦、初回に2ランを放ちサードコーチャーの巨人・長嶋監督とタッチ

じゃない。集中力が出てきたのは確かなの。でも足らないから、その後残って打ったりね。そういうルーツの野球が始まって、自分としては良かったと思うんやけどな。いつもわしは一振りで打とうという気持ちを持ってたから。それが1975年なのよ。

落合 そのときに〝赤ヘル旋風〟が始まったわけですね。

山本 オールスターで2打席連続ホーマーを2人が打ったわけやな、キヌとわしが（第1戦、甲子園球場）。わしが3番で、太田幸司（近鉄）から打って、2本目が山田（久志）から。で、キヌが6番打ってたんかな。同じように2打席連続。それで〝赤ヘル旋風〟っていわれた。そこからなんやな。

落合 その年にタイトルを獲って、優勝したっていうことですよね。

山本 夏場なんかね、みんな点滴打ってやってたよ。相手の練習のときに。

落合 広島の夏、暑いですもん。

山本 体力的にも参ってる。ひょっとしたら優勝するかもわからんという、その緊張感でも疲れて。みんな経験してないんやから。だから、やっとたどり着いたときのうれしさっていうんかな。これが一番やったね。

落合 そのときの監督は古葉（竹識《たけし》）さん？

山本 古葉さん。ルーツの後（＊1）に野崎（泰一）さんが1週間ぐらい代行やって。で、正式に古葉さんが監督になって、サードコーチャーをやった。これが始まりなのよ。

▼ふたりの打撃論の共通項

山本　オチ、何年入団やったっけ。
落合　オレ、１９７９年です。
山本　79年⁉　おまえ、どこから打っとんだよ。
落合　３年目からです。３年目で首位打者を獲って（１９８１年、打率・３２６／33本塁打／90打点で自身初の首位打者）。浩二さんとは現役が８年かぶってるんですよね。
山本　だから、オールスターで何度かね。
落合　何度か話はしましたね。どっちがオープンスタンスをしてるんだろうか、とか。
山本　右打ちの極意とかな。大したもんやと思ったよ。オチのバッティング見てね、バットのヘッドの使い方がめっちゃくちゃうまいよなって。
落合　ああ、どっちかといえば遅れてくるほうですからね。
山本　あれ、右へ打つときもヘッド使うじゃないか。遅れながらでも。（バットを手にして）ところが、こうなってないもんな（捕手方向にバットのヘッドが下がっていない）。

必ずこうなっとんの（ヘッドが上がっている）。

落合 それは山内（一弘）さんの教えですよ。

山本 これはねえ、できるもんじゃないぞ、普通。

落合 最初は「いいです」って断ったんですよ。ところが4年目、5年目くらいのとき、自分のバッティングを見たら、教わったことをそのまま全部実行してやってたっていう。

山本 はぁ〜！

落合 だから、先生は山内さんですよ。

山本 そのヤマさんとはあんまり（仲が）ようなかったやろ、おまえ？

落合 いやいやいや。オフになればサイン会に行ったり、メシ食ったり、ゴルフ行ったりしてましたよ。

山本 あっ、そうなんか。聞いた話と違うんだ。よかったよかった（笑）。わしも山内さんなのよ（山内は現役晩年の1968〜70年、広島に在籍）。インサイドの打ち方を教わって。あの人、こうやってポンと払うじゃない（バットを立てたまま軽く振る）。

落合 そうそうそう。

山本 元気なときは、その打ち方がわからないのよ。ところが腰を痛めたときに、外はまったく手を出さないで、インサイドしか待たず、来たときにそうやって打ったのよ。

レフトスタンドにギリギリ入った。あ、これが山内さんが言ってたやつかって。
　新人の頃、山内さんと山本一義さんが毎日、遠征行ったら部屋で野球談義してるの。メシ食った後に。毎日じゃないけど、そこへわしとキヌが呼ばれるのよ。飲みに行きたいのに。それで何度もそのスイングさせられて。

落合　山内さん、簡単にやっちゃうんだよな（笑）。

山本　そう。簡単にやるじゃない。これがねえ、腰を痛めてわかったの。それから結構、詰まりながらでもギリギリ入るインサイドの打ち方を覚えた。

落合　ヤマさんの打ち方、オレが打つと外のスライダーはショートゴロにしかならないですよ。だから、それを改良したっていう。

山本　なるほど。ひとつ言えるのは、オチは打った後のフォローの大きさ。

落合　「打ったらバットを放り投げなさい」っていうようなね。

山本　それはわしもまったく一緒なの。

落合　普通の選手は当たるときに手首を返す人が多い。でも、それをやったらバットスピードが遅くなるんだろうなと思ってね。そのまま行ったら、行くとこがなきゃ、手首って（勝手に）返ってくるだろうっていうことで。ピッチャーにバットを放り投げる感覚で、バットを振ってたっていうのはありますよね。

山本 それがやっぱり、打球が伸びる秘訣なんだよね。でも、オチの打ち方っていうのは「あんな軽く振って、なんで飛んでいくんだ?」いうぐらいの打ち方やから。

落合 結構、ヘッドスピード速かったんですよ(笑)。

山本 それが速く見えないのよ(笑)。

落合 オープンステップするから。ギリギリまでボールを引きつけるから。

山本 オープンステップしても、左の膝が開いてなきゃ、外はギリギリコースいっぱいでも打てるもんな。わしの場合は徐々にオープンになっていったんやけど。5回当たったからね、頭に。

落合 5回? 逃げるの下手だったんですか(笑)。

山本 そう。だからだんだんオープンになっていったんだけど、(左の膝は)絶対開かんかったからね、いいときは。悪いときは開いてるけど。

落合 オレは東尾さんに1回当てられて。その辺から、だんだん開くようになってきました。それまではだいたい、真っすぐにステップしてたような気はするんですけどね。

山本 やっぱり恐怖心ってあるよな。その恐怖心をいかになくすかが、3割を打てるか打てないかの差やからな。

落合 ボールの目付けってどこにしてました? インサイドかアウトコースか。

山本　どっちかといえばインサイドが多かった。それで、コースでヤマ張って。

落合　ヤマ張りました？

山本　コースはやっぱり見てたよ。いろんなボールがあるわけやから。おまえ、ヤマ張ってないの？

落合　オレは真っすぐ一本。変化球だったらいくらでも対応できると思ってたから。

山本　大したもんだね、やっぱり。それであの成績残すんかい。こんな奴いないよ、本当に（笑）。わしは長池（徳二）さんに教わった相手ピッチャーのクセとかを、集中してずっと若い頃から見てたの。ノートに書いたりして。それを何年もやってると、自然と集中力っていうのが

出てきて。1球で仕留めよう、2ストライクまでに勝負しようっていうのは、すごく多かったね。

落合 じゃあ、初球から打ちにいくっていうことは、結構ありました？

山本 めちゃくちゃあったね。今でも覚えてるのは、延長戦で守ってて、次の打順がわしからなのよ。「これ抑えて、あのピッチャーは初球、あのボール来るやろ」って、守りながら頭に描いとったの。で、実際にそのボールが来て、サヨナラホームラン。自分なりのストライクゾーンっていうんかな。「ボールが止まって見えた」っていう言葉あったやろ。あれは川上(哲治)さんだっけ。おまえなんかいつも止まって見えたんじゃない？

落合 いや、止まったこと一回もない(笑)。

山本 わしの場合は「止まる」じゃないけど、例えばアウトコースのストレートならストレート、それを自分の頭に入れて、「ここへ来い」っていう。いいときはそうなってたね。「こっちに来たらどうしようか」って思うときはダメなの。

▼守備のうまさは周りからの評価でわかる

落合 浩二さん、ゴールデングラブ賞って何回獲りました？

山本　10年連続（1972〜81年。当時の名称はダイヤモンドグラブ賞）。1年目から。

落合　ほおぉ。

山本　一番はね、やっぱり刺殺が多いかな（シーズン最多刺殺が9度で、通算4637刺殺はセ・リーグ記録）。あと、両サイド（レフト、ライト）があまりうまくなかったから、センターで（左右に広く）動いてるわけ。

落合　1回、おでこに当たったことありますよね。

山本　あるあるある。あれね、後楽園球場で守ってて（1981年4月19日、巨人対広島）、バッターが中畑清。カウントがボールスリーになったわけ。この若造が打つわけないやないかと思って、こんなして（両膝に両手をついて）構えてたわけ。そしたら左中間に打ってきやがった。慌てるとやっぱり重心、高《たこ》うなるやん。そしたら揺れるじゃない。パッと（落下点に）着いたときに、ボールが3つあったのよ（笑）。

落合　はっはっはっは（笑）。

山本　どれか捕ったろと思ったって、捕れるわけないわな（笑）。（帽子の）ひさしに当たって、おでこに当たった。痛くもなんともなかったけど、そのとき解説が廣岡さんやったのかな、「恥ずかしいでしょうね」とか何か言ったらしい。恥ずかしかったけどね。「まさかこいつが打つわけない」と思ってるのが、やっぱり気の緩みよな。でもその後、宇野（勝／元中日、ロッテ）がおでこに当ててくれたのよ（同年8月26日、巨人対中日）。

落合 はい。ショートでね。

山本 宇野のほうが派手。それで助かった（笑）。でも、守備は肩とかね、若い頃は本当に自信があったね。今、例えば外野フライ打って、定位置より前でも犠牲フライになるケースが多いじゃない。わしは左中間、右中間のほうからでも殺せてたからね。

落合 でも今の野球って、セカンドから1本のヒットで還ってくるっていうケース、少なくなったと思いません？

山本 そのとおり。打球が正面に行くとやっぱり還れんもんな。

落合 昔は球場が小っちゃかったけども、たいがい還ってきたでしょ。

山本 それはなんでよ？ スタート？

落合 ランナーのリードオフが小っちゃいんじゃないのかなと思うんですけどね。

山本 ランナーの技術とかな。そうかもわからんな。

落合 野球のスタイルが変わってきたのか、選手がそこまでの技術を会得してないのかわかんないですけども。サードコーチャーもすぐ止めるでしょう。

山本 そうやな。あとは結構、守備位置が前かもわからんな。

落合 でも昔も、結構前でもみんな突っ込んできましたよ。今の選手と昔の選手、肩の強さが違うかっていえば、そんなに違わないはずなんですけども。

山本 昔のほうが強かったと思うよ。

落合 ええ。

山本 守備のうまさって、例えばカープで廣岡さんに鍛えられたとき、「抜群にうまくなったな」と思ったのがショートの三村。もう毎日ノック受けて、本当にうまくなってんの。そういうふうに周りから見て「うまくなったな」っていうのは本物やからね。

落合 自分は大してうまくなったつもりないんですよね。

山本 ないのよ。自分がうまくなったと思うやつは終わってるよ、もう。

落合 あくまでもよそからの評価っていうのが大事でね。

山本 そう。守備っていうのはバッティングにも影響する。守備が良くなればバッティングも良くなるもんな。

▼練習量が減ってしまった第二次政権

落合 で、監督になるわけですけども、監督になって一番先にやったことはなんですか。

山本 自分が鍛えられて「これが良かった」っていうのをやったね。ということは、練習量だったな。もちろん中身が大事なんやけど。例えば1年目、秋のキャンプでランニングから入って、ひどいときにはね、午前中ランニングだけ。これを1ヵ月続けたらね、選手が相当へばってた。でも2年目の春のキャンプで半分に落としたら、ものすごい楽になってるわけやけど、それでもその前年の春の倍以上やってるわけ。そういうもんやなと思って。鍛えれば、いかに自分が知らないうちにうまくなってるか、体ができてるかや。こういうのから入ったね。おまえも一緒やないか？　ひょっとしたら。

落合　練習量だけは12球団一だったと思ってます。（監督在任の）8年間。

山本　そうやろ。文句も出たやろ。

落合　一切出なかった。

山本　出なかった？　腹の中で思ってるわ（笑）。

落合　思ってるかもわかんないけども、みんなニコニコしながらやってましたよ。

山本　ほお。でも、それが大正解やったもんな。

落合　監督がえこひいきしなかったから。好き嫌い一切なかったですしね。結局、好き嫌いでやったら、自分で自分の首を絞めることになっちゃいますからね。

山本　そりゃそうやな。

落合　公平な目で見て、「この子の今の状態はこうだ、この子はこうだ」っていうことを把握しながらゲームで使っていく。二軍の選手であっても、「やりようによっては一軍のゲームに出られるよ」っていうような方向性を出してやりましたけどね。

山本　みんな考えることではあるけどな。でも、当時であの練習の多さはすごいことやったと思うよ。わし、2回目に監督やったときに、1回目から8年経ってた（第一次政権＝1989〜93年、第二次政権＝2001〜05年）。ガラッとトレーナーの権限が強くなってるわけ。「あまりやらせたら故障する」とか、「ランニングが多すぎると本番で疲れる」とか。メジャー流の考えになってるわけ。

落合　うーん……。

山本　そう思わんかった？

落合　オレのときは勝崎《かつざき》（耕世《こうせい》／落合監督時代の2004〜11年に中日コンディショニングコーチ）が主力でやってたけども、彼らは彼らなりにメニューを作りますよ。反発するような選手は一人もいなかった。言われたことをキチッとやってた。

山本　ああ、そう。あの2回目はね、どうしても練習量が減ってきたの。

落合　だからキャンプは6勤1休でやったけども、マスコミ関係からは「え？」っていうような声は出ましたよ。でも普通に考えれば、1週間に6試合やるわけだから。「それに合わせて何が悪いんだ？」っていうようなことでね。選手は慣れますもん。

山本 そうなんよ。慣れる。それは言える。

落合 3日やって1日休み、4日やって1日休みっていうローテーションでくれば、そのローテーションに慣れるし、「休んでもいいよ」って言えば、それに慣れますしね。練習量を減らしたら、体力的に落ちてくるんで。

山本 じゃ、その差が出たな。対戦成績。監督で2年かぶっとるから(2004~05年)。

落合 おそらく。体力勝負で。

山本 わしも「失敗したんじゃないかな」と思うんやけど、あの頃、どうしてもそこまでできんかったな。

落合 仏様になったんですよ(笑)。

山本 ああ……。そうかもわからん。1回目はまったくそういう妥協なんかもせんかったけどね。自分も体力的にいけたっていうのはあるんやけど。それでは成績も悪うなるわな。

落合 今はもっと、トレーニングコーチと医者の権限が強いでしょう。

山本 強い。トレーナーの権限が強い。監督・コーチは大変やと思うよ。動けるのに休ませたりしてるもんな。

落合 休ますと逆に、寿命が短くなっちゃうんですけどね。

山本 誰だって楽をしたいじゃない。苦しい練習のときに我慢して、やってきて良かったなっていうのが我々の時代やけど。楽をしたいと思ったときに、そこで妥協したら本当に力は下がってくるわな。

ミスター赤ヘルの「人生を変えた一打」

落合　最後に、浩二さんが一番印象に残ってる試合ってなんですか。

山本　ああ、それはやっぱりオールスターなのよ。1975年のオールスターで2本打って、それから〝赤ヘル旋風〟。その年に初優勝。すべてのきっかけが、甲子園でのオールスターでキヌと一緒に打ったという。しかもセ・リーグの3番を打たせてもらった。前の年までは6番とか7番。これはむっちゃくちゃ自信になった。

落合　当時のセ・リーグの監督は？

山本　ウォーリー与那嶺さん（1972〜77年に中日監督）が抜てきしてくれたの。

落合　じゃあ、巨人のV9が終わって。

山本　V9やって、次の年（1974年）に中日が与那嶺監督で勝ったじゃん。それで75年のオールスターの監督。もし（74年に）巨人が優勝してたら、3番打たせてもらってないかもわからんわ。それで結果が出たのが大きい。このホームラン、このオールスターが一番印象に残ってるね。
落合 人生を変えた一打ですね。
山本 だね。そこからでしたなあ。
落合 ミスター赤ヘルが誕生したのは。
山本 頑張ったと思うよ、自分で。腰とかいろいろケガもあったけど。思い出すなあ、いろいろ。
落合 本日はいかがでしたか。
山本 楽しかったよ〜、もう。久しぶりに会って、昔話をして。
落合 ああ、よかったです(笑)。大変有意義な時間を過ごさせていただきました。

＊1 ルーツは日本初のMLB出身監督として1975年、カープの指揮官となったが、4月27日の阪神戦で判定を巡り審判に抗議、退場処分に。この処分を受け入れるよう球団代表がルーツの説得に回ったことを不服とし、そのまま退任した。

対談動画はこちらから

〝赤ヘル旋風〟の1975年、初のリーグ優勝で古葉監督にビールをかける

06

鈴木敏夫

TOSHIO SUZUKI

（スタジオジブリ）

鈴木敏夫（すずき・としお）

1948年生まれ、愛知県出身。東海高校、慶應義塾大学を経て徳間書店に入社。雑誌編集者時代に宮﨑駿、高畑勲と出会い、85年のスタジオジブリ創設に携わる。89年から徳間書店を退社しジブリに専念、数々の名作アニメ映画のプロデューサーを務めてきた。2005年、スタジオジブリ社長に就任、08年に同社代表取締役プロデューサー、23年から代表取締役議長。23年公開の『君たちはどう生きるか』は米アカデミー賞長編アニメ映画賞を受賞

「落合監督時代は全試合必ず
見ていました。一幅の芝居を
観るようで、楽しかった」

映画好きの落合が愛してやまないスタジオジブリの鈴木敏夫との濃密な対話。出版社勤務時代からジブリ創成期までの破天荒な物語、数々の名作アニメの制作秘話など、貴重なエピソードが止まらない！

▼250万人の世代

落合　早速ですけど、鈴木さんの生い立ちから話してもらいましょうか。

鈴木　生まれたのは名古屋で、1948年ですね。いわゆるベビーブームのときで、一世代250万人ぐらいいるのかな。今は1クラスの人数って、すごく少ないですよね。僕らの頃って、1クラスが60人ぐらい（笑）。

落合　オレが小学校のときでも50人くらいいました（落合は1953年生まれ）。1クラス60人ぐらいだと、学年だったら何百人にもなりますね。

鈴木　どこに行っても人ですよ。そこは特殊な世代だったんじゃないですか、やっぱり。

落合　それだけ戦争で負けて人が少ないから（多くの人が子供を産み、育てた）っていうことなんでしょうね。

鈴木　だから子供ながらに、戦争で負けた日本が大嫌いだったですよね。当然アメリカも嫌いだし、複雑だった。僕だけじゃなくて、みんながどこかでそれを抱えていたから。力道山がアメリカをやっつけると本当にうれしかったしね。とにかく、何せ人数が多いから「競争がすごいんだ、生存競争が厳しいんだ」ってことを常に言われて。

落合　小学校の頃から？

鈴木 言われましたね。「だから勉強しろ」って。それと、まだ貧しかったですよね。

落合 まだ戦後ですからね。

鈴木 覚えてるのは、まだ給食が始まってないんですよ。家から弁当を持ってこられない子がいるんですよね。

落合 オレのときもいました。昼休みの時間になるといなくなっちゃうんですよ。それで昼休みが終わると出てくる。

鈴木 そんな感じでしたね。詳しくは覚えていないですけれど、クラスでも2つに（グループが）分かれるんですよね。簡単に言うと、「いいうちの子」と、「そうじゃない子」に分かれるんですよ。それで集団でけんかになるんです。

落合 オレは小学校まで2キロ半、中学校まで5キロあったんだけども「ああ、このうちは貧乏なんだな」って、前を通るだけでも家の造りとかでわかりましたよね。

鈴木 そうです。こんな話しようと思っていなかったんだけど、ついしゃべっちゃった。

落合 いや、いいんです。全て聞きたいですから。

鈴木 小学3年生くらいの頃、日本初の子供向けのテレビ番組『月光仮面』が始まって。僕の家もそうだったんだけど、だいたいそのあたりでテレビが家にやって来たんですよね。それで裕福な家の子は、『月光仮面』のキャラクター商品を買えるんです。

落合　あの頃、キャラクター商品ってありました？

鈴木　あったんですよ。お面とか、マントとか。たまたま今思い出したんですけど、僕、子供の頃、わりと絵がうまくて、ひょんなことから手に入れた『月光仮面』の絵を模写して描いて。貧しい家の子たちが欲しがるんで、次から次へと描いては、それをあげて、一応子分にするっていう、そんなことやってましたね。だから貧しい子の家に行くと、僕の描いた絵が貼ってあるんですよ。それで、家に机がないでしょう。

落合　段ボールとか、木の箱とか。

鈴木　ミカン箱とか、リンゴの箱が机代わり。それがものすごく印象に残っていますね。

落合　ご飯も床に置いてそのまま食べたりね。

鈴木　そう。あれが原点で、「いつそこへ戻るかわからない」みたいな気持ちがいまだにありますね。どこかで「あれが本当で、その後みんながやってきたことはウソなんじゃないかな」っていう。

▼米軍兵の死体を洗うアルバイト

落合　それで、勉強のほうはどうだったんですか？

鈴木　うちは妹が勉強ができて、僕自身はあまりできなかったんですけれど、僕らの世代で、初めて私立の中学を受験するっていうのが始まったんですよ。受験戦争第1号（笑）。親父に「受けろ」って言われて、おかげさまで受かりまして、東海高校（愛知）まで行きまして。

落合　東海高校に入るっていったら、相当の学力じゃないと入れないはずですよ。部活動とか、何かやってました？

鈴木　あるヤツに誘われて、体操部に入ったんです。一応、愛知県の大会には出ました。毎回負けましたけどね。バック転とか空中回転とかやってました。大変でした、あれも。

落合　できたんですね。

鈴木　一応できましたね。勉強もしなきゃいけないけど運動もしなきゃいけないみたいな、その空気はあったですよね。

落合　文武両道っていうやつですね。じゃあ、高校の頃の成績はどうだったんですか。

鈴木　ひどかったですね。全部で740人いて、680番だったんですよ。

落合　でも、後ろに60人いるじゃないですか（笑）。

鈴木　それってもう話にならないんですよね。で、てなことをやっている間に大学にも行って。慶應に行くんですけど、僕らの頃は学生運動が流行っていて。

落合　ありましたね。当時、大学はほとんど封鎖でしょ？

鈴木　封鎖されてるし、なんだか知らないんですけど勉強しなくていいんですよね。

落合　学校へ行ってないでしょ？　学生運動ばっかりやって。

鈴木　やらないとかっこ悪いみたいなところがあって。でも、なんか嫌になっちゃってやめるんですけれど（笑）。そんなことをやっているうちに、あっという間に大学も終わっちゃいますよね。僕、5年行ったんですけど（笑）。それでなんか、ふらふらふらふらしてて、気がついたら就職っていう時期になって、何もやる気にならなくて……。ただ、お金は欲しかったからアルバイトをやっていて。渋谷に「子ども調査研究所」なんていうのがあって、そこで原稿を書くとか。

落合　あっ、原稿を書いてたんですか？

鈴木　そうなんですよ。子供たちを集めて座談会やるとかね。それで原稿を書くと、400字で1枚1000円もらえるもんだから、そのお金欲しさに。

落合　当時の1000円っていったら、結構大きいですよね。

鈴木　ええ、丸1日働いて800円とかっていう時代でしたから。いろんなバイトをやりました。花月園っていう競輪場（横浜市鶴見区／2010年に廃止）でガードマンとかね。大変なんですよ、あれ。競輪って当時はあまり世間にも認められていなかったから、八百長が多くて。

落合 だいたい東北なら東北、関東なら関東、中部は中部ってライン組んでね。

鈴木 そう。そこのガードマン、お金が良かったんですよ。なんでかっていったら、八百長がばれると最初にやられるのがガードマンなんです。毎朝点呼があって、八百長がばれそうになると『蛍の光』の場内放送があるんです。これが鳴るとばれるときなんで、逃げなきゃいけないんですよ(笑)。花月園は僕、忘れないですね。

それと、米軍の兵隊の死体を洗う仕事っていうのが、お金良かったんですね。当時はベトナム戦争で、死体が(日本に送られて)来るんですよ。それを全部きれいにするっていうのが、1970年前後でしたけど、当時のお金で1日1万円でしたね。

『アサヒ芸能』からアニメの世界へ

落合 就職活動ですけども、何社くらい受けました?

鈴木 4つぐらいですかね。就職どうしようかって迷ってるとき、子ども調査研究所の所長に「鈴木君、文章を書いたりするの得意だから、そういう商売やったら?」って言われて。それまで出版社とか新聞社へ行く気はなかったんですけれど、じゃあやろうかなと思って。新聞を読んでたら徳間書店の募集があって、出版社はここ1社だけ。そしたら受かっちゃって、入ったらいきなり週刊誌へ回されて。

落合　週刊誌に？

鈴木　そうです。『週刊アサヒ芸能』。

落合　あぁ、今も続いていますね。

鈴木　いきなり、当時連載されていた安藤昇さん（「安藤組」元組長、映画俳優）の原稿を取りに行けって言われて。それが最初の仕事。

落合　怖くなかったですか。

鈴木　映画で見ていたから、本物を見て「すげえな」と。左頰の傷がでかいんで怖かったですけどね。あの方、実は文才があったんですよ。原稿を自分で書いていましたね。あの怖い顔からは想像できないような美しい字でした。

安藤組を辞められて映画役者になった後、安藤企画という芸能プロダクションをやったんですよね。それである日、電話かかってきて、「いい新人がいるんだ、協力しろ」と。「わかりました」って行ったら、岩城滉一っていう人がいて。あの人が安藤企画の一番押し出したい役者さんだったんですよ。

落合　昔は野球界、相撲界、芸能界っていうのは、地方で興行をするときには、必ずあいさつに行ったもんですよね。あいさつに行って、「今回こういう興行を打ちます、よろしくお願いします」って言えば穏便に収まったんだっていう話をよく聞きましたよ。

鈴木 僕らも実を言うと、『風の谷のナウシカ』から始まって、(公開順に並んだジブリ作品のパンフレットを指さしながら)このあたりまでは同じことやってましたね。やらないとね、映画興行できないんです。親分さんに必ずごあいさつに行って「よろしくお願いします」って。

落合 親分さんが子分衆に「絶対手を出すなよ」ってお達しすると、何があっても手を出さないいんだっていう。

鈴木 だから昔は映画館って大変だったんですよ。例えば『仁義なき戦い』の頃なんか、広島では映画館の中で撃ち合いですからね。「どうやって弾をよけるか、よけ方を教えちゃる」って言われてね。「そんなの教えてもらってもしょうがないな」と思って(笑)。

落合 オレがプロ野球でロッテに入った頃も、キャンプ地の鹿児島へ行くと、一人だけあるコーチがいなくなるんですよ。どこへ行ったのか聞いたら、「地元の親分さんにあいさつに行って、『この度は……』っていうことで何かしら持っていって」っていうようなことを聞きましたよ。

鈴木 野球も興行ですもんね。でも、(ある作品のパンフレットを持って)このあたりから、がらっと変わるんですよ。そういう方たちが参加できなくなったんです。
話がそれちゃいましたけど、『アサヒ芸能』ではいろんな仕事をやらされました。最初に安藤さんかと思ったら、次は田中角栄。田中さんが、公団住宅を自分の企業の社宅にしちゃってたんですよ。それを当時、野末陳平っていう人が国会議員をやっていて、問題にしようとしていて。「ちょっと鈴ちゃん、手伝って」って言われて、僕が集めた資料が国会で使われたりとか、いろいろ面白いことがありましたね。
記事も自分で書かなきゃいけなくて。一度も週刊誌の原稿なんて書いたことない、読んだこともないから慌てて読んだら、週刊誌の記事って接続詞に特徴があるとわかって。「とはいえ」とか、接続詞の一覧表を作って。それで書いてみたんですよ。

落合　そのまま原稿、通りました？

鈴木　デスクに「うん、いいじゃねえか」って言われました(笑)。

落合　じゃあ、文章の才能があったってことですよね。

鈴木　変な会社でしたね。「おい新人たち、机を整理しろ」って言われて、何やるのかなと思ったら、「決闘する」っていうんですよ。編集部の先輩と後輩がね。それで、本当に始めるんですよ。僕ら、それを見てなきゃいけないんです。荒っぽい時代なんですよ。

落合　当時の週刊誌の記事っていうのは持ち込みじゃなくて、ほとんど自分たちで書いていたんですか。

鈴木 そうです。それでデスクに鍛えられるんです。原稿を見せても読んでくれないんですよ。鍛えると称して、「なんか破れちゃった〜」とか言って読まないうちに破る。頭にくるけど、しょうがないからもう一回書く。書いてるうちに速くなってくるんですけど、3回目ぐらいには書いた原稿を窓から捨てちゃうんです。「あ、飛んでっちゃった〜」とかなんとか言ってね（笑）。

落合 今で言えば、いじめですね（笑）。

鈴木 そうです！ でも、そのいじめで鍛えられて。もうひとつあったのは「これとこれとこれ、取材してこい」って言われて、取材してこないとね、本当に今考えると嫌なんですけれど、殴られるんですよ。殴られるから、怖いから取材しちゃうんですよ。それも鍛えられましたね（苦笑）。でも、なんか、今となると懐かしいんですよね。

落合 オレはいまだに（高校野球部での暴力は）トラウマになっていますけどね（笑）。

鈴木 はっはっは（笑）。でも、そこで鍛えられたのが、もしかしたら、宮崎駿《はやお》と出会ったとき役に立ったんですよね。ある種の度胸がついてたんですよ。

落合 それで、どういう経緯でジブリに入ったんですか？

鈴木 いや、入るっていうかね、あるとき『アサ芸』のデスクとケンカになっちゃって

流
かつて人と竜はひとつだった。
ル=グウィン原作
宮崎吾朗 第一回監督作品
ゲド戦記
TALES from EARTHSEA
宮崎駿監督作品
君たちは

宮崎 駿 監督作品
風立ちぬ
7.14
ROADSHOW

……。次の週に突然、人事異動があって追い出されるんですよね。

落合　でも、会社の中でしょう？

鈴木　中です。それで『テレビランド』っていう子供向けのテレビ雑誌に行かされて、8ヵ月ぐらいやったんですけど、これが実は『アニメージュ』への道だったんです。

落合　徳間書店の中には、そういう部署があった？

鈴木　あったんですよ。やってみたら結構面白くて。『アサ芸』でやったことも、子供雑誌でやることも基本的には同じだなとわかって、勉強になりましたね。

落合　でも、抵抗感ってありませんでした？

鈴木　なかったですね。もともと出版社に入ろうと思ってなかったし、週刊誌やりたくてやってたわけじゃないし（笑）。食うためだったらなんでも同じだっていう思いがどこかにあって。で、そこに『アサ芸』のときの文化部の部長で尾形（英夫）っていう人がいて、なんか気が合って。この人が「アニメーションの雑誌やろう」って言い出すんです。僕はアニメのこと知らないから、「なんでこんなもんやりたいんですか？」って聞いたら、「息子が好きなんだよ」って（笑）。いい時代なんですよ。公私混同の名人だったんです。

▼宮﨑駿との邂逅

落合 アニメーションって、フィルムですよね？

鈴木 そうです。

落合 『アサヒ芸能』ってアニメはやってないでしょ？

鈴木 やってないですね。だから最初は3時間ぐらい「やってくれ」「やらない」の応酬でしたけど、最終的には引き受けて。そこで、その創刊号で！ あろうことか、宮﨑駿と出会っちゃうんですよ。

落合 それも縁ですね。

鈴木 本当に縁ですよ。その尾形って人から、アニメに詳しい女子高生3人を紹介されて会ったんです。「このおっさん、何やってんのかな」と思ったんだけど（笑）、その子たちが言ってることを本にすればいいんだなと。その子たちから聞いたものだけで、実は創刊号の目次ができちゃったんですよ。

落合 はっはっはっは（笑）。

鈴木 で、その女子高生が教えてくれたんですけれど、『太陽の王子 ホルスの大冒険』

（1968年／東映動画）っていう名作があると。これが、（後にスタジオジブリを共に設立する）高畑（勲）、宮崎が一緒にやってた、若き日のデビュー作なんですよ。

落合　あぁ。

鈴木　僕は何も知らないから、言われたとおりに扱おうと思って、いきなり高畑、宮崎に電話。「できたばっかりの雑誌なんですけれど、あなたたちの作った『ホルス』がいいと聞きましたから、ぜひ取材を」って言ったら、「どういう意味だ」って言われてね（笑）。簡単には首を縦に振らない2人だったんですよ。

落合　あ～（笑）。

鈴木　高畑さんなんて本当に嫌なことばっかり僕に言ってね。電話で1時間ぐらい。それで、「僕はそういうわけでインタビューに応じないけれど、今、隣に宮崎駿っていうのがいる」って。これが、僕が初めて「宮崎駿」の名前を聞いた瞬間ですよ。

落合　うん、うん。

鈴木　「彼とは『ホルス』を一緒に作った。彼には別の意見があるかもしれないから、電話代わりますか？」って言われて、「代わってください」って言って。で、いきなり電話に出てきてね、話が早い人なんですよ。「隣にいたから、あらましは聞きました。予定されているページは何ページですか？」。

落合 あっはっは(笑)。じゃあ、一応半分はOKってことですね。

鈴木 でね、OKだから喜んだけど、僕らが用意していたのは8ページなんです。「それじゃ語りきれないから、16ページよこせ」って言われたんですよ。ここで揉めたんですよね。でも、揉めたけれど、電話で揉めてるうちに仲良くなっちゃったんですよ。

落合 へぇ〜。

鈴木 その1年後でしょうか。彼をちゃんと雑誌の中で扱おうと、会いに行くんです。そしたら彼がなかなか嫌な男でね。「あんたの雑誌っていうのは、アニメを使って青少年をだまくらかして、金を儲けようっていうんだろう。そんな雑誌には協力できない！」って言われてね。

落合 えぇっ？

鈴木 頭にきてパッと見たら、彼の隣の席が空いていたんで、そこへ座り込んでね。向こうは知らん顔して仕事してるから、僕も自分の仕事を始めて、気がついたらずっとその場にいて(笑)。行ったのは午後の2時ぐらいでしたけど、深夜の12時になっても立たないんですよ。しょうがなくて僕もずっと付き合って、気がついたら午前4時。

落合 はっはっは(笑)。

鈴木 で、いきなり言われました。「明日は9時ですから」って。夜の9時だと思ったら、

落合　えええ……。
「朝です」って（笑）。それで、また朝9時から行く。で、一日何もしゃべんないですよ。

▼『ナウシカ』誕生秘話

鈴木　それで、3日目の朝ですよ。彼、絵コンテを描いてたんですよ。『ルパン三世カリオストロの城』の。
落合　ふ～む。
鈴木　映画の冒頭、カーチェイスがあるじゃないですか。僕にパッと絵コンテを見せたんです、いきなり。「車がカーチェイスしてる。外から行って回り込むやつは、何か専門用語がないか？」って言われたんです。このときに競輪のアルバイトの経験が役に立ったんです。これ、競輪で「まくる」っていうんです。
落合　はい。
鈴木　そしたら「わかりました」って言って。（実際に）映画の中に出てるんです、「まくる」っていうのが。そういうのが好きな人だから、それで一気に仲良くなるんですよ。
落合　でも3日目ですよ（笑）。

鈴木 そう、3日目(笑)。そこからね、毎日会ってたんです、映画ができるまで。
落合 じゃあ、結構な日数ですよね。
鈴木 気が合っちゃったから、もうしょうがないですよね。ほとんどほかの仕事しないで、公開まで(1979年12月15日)。で、今だと皆さん『カリオストロの城』を「名作」とか「素晴らしい」とかおっしゃるんだけれど、当時、まったく当たらなかったんですよ。
落合 えぇっ?
鈴木 何億円も赤字出しちゃって……。ハッと気がついたら、彼の周りから親しかった人がみんな去っていったんですよね。でも、僕はどっか鈍感なところがあって(笑)。「残ったのは鈴木さんだけだ」って、相談されるんです。「オレ、やっぱり才能ないから辞める」っていうんですよ、アニメを。宮崎が。
落合 あぁ……。
鈴木 「お客来なかったし。足洗うから」って、本当に会社を辞めちゃうんですよ。「どうするんですか?」って言ったら、「鈴木さん、出版社じゃん? 絵本描かせてくんないか。前から描きたかった。それで一家4人、食わせられるかな?」って。そっち(の期待)もあるわけですよ、やっぱり(笑)。
落合 まあ、無職だとねえ(笑)。

鈴木　僕は「絵本はなかなか売れないから無理」って言ったんですよ。「じゃあ、どうしたらいい?」って言うから、提案したんです。「マンガだったら『アニメージュ』で連載できますよ」って。それが『風の谷のナウシカ』なんですよ（1982年2月号〜94年3月号まで連載）。

落合　はぁ〜!

鈴木　彼が開き直って「何描きゃいいんだ」って言ったんで、「大きな話やりませんか?大河ドラマ」って言ったら、宮崎が「例えば何?」って言うから——深く考えたんじゃないです。ついね、「ギリシャ神話」って言ったんですよ。

落合　う〜ん。

鈴木　そしたら宮さんがね、いきなり「ナウシカ」って言ったんです。

落合　構想を持っていたんですかね。

鈴木　いや、全然。

落合　持ってないの?

鈴木　ギリシャ神話の、ナウシカっていうのが出る話が好きだったみたいなんですよ。僕は全然わかんなかった。でも彼はね、「それだったら描ける」って言い出した。それで「やろう」ってことになるんです。なんでもいいから言ってみるもんだなって（笑）。

結果としては映画まで作っちゃって、おかげさまでねぇ、いろんな人に支持されることになるんですけれど。これは運が良かったとしか言いようがないですよね。

▼彼らが通った後はペンペン草も生えない

落合　で、『ナウシカ』は売れたんですか？

鈴木　最初はダメでした。マンガ本は本当に売れなかったです。そういう中で僕が映画化の話を出すんですけれど、会社の中でみんなにいじめられてね。「原作も売れてないのに映画なんかできるか、バカ」とか言われて。何かいい方法ないかなと思って、社内で一緒にやってたヤツと考えて、「仲間を増やさないと映画ってできないね」って。

で、当時の出版社でワイワイ騒いで仲間を増やすのに一番いい方法って、博打なんですよね。「宣伝部の部長は人がいいから、巻き込めばうまくいくかもしれない」って、僕ともう一人のヤツと3人で、朝までチンチロをやってね。うまいことやって、部長に勝たせたんです。そしたら、その日のうちに『ナウシカ』の映画化が決定したんですよ（1983年。公開は84年）。

落合　はっはっは（笑）。

鈴木　なんでかって言ったら、宣伝部長だから、広告代理店を回るんですよ。それで博報堂に行って、ある人に『ナウシカ』の話をしたら、その人が宮﨑っていう名前で、なんと宮﨑駿の弟だったんですよね。

落合　はあ～！

鈴木　こんな偶然が重なったんですよ！　だからね、捨てる神あれば拾う神ありで。

落合　でも、それは徳間書店にいての仕事でしょ？

鈴木　そうです。最初、あるアニメーション会社に制作を頼みに行ったんですよ。「高畑がプロデューサー、宮﨑が監督で作る」と。そしたら2人の評判が悪くてねぇ。

落合　なんでですか？（笑）

鈴木　「彼ら2人が通った後はペンペン草も生えない」って。

落合　はっはっは（笑）。

鈴木　2人が行った会社はみんなつぶれちゃうんですよ。それで元東映動画の原徹さん（高畑、宮﨑の元同僚）が運営する会社になんとか潜り込んで頼んで、『ナウシカ』を作った。結果、『ナウシカ』は成功したじゃないですか。でも会社はつぶれちゃったんです。

落合　なんでですか？

鈴木　そういうもんなんですよね（笑）。やっぱり、あの2人がやるとお金がかかりすぎるんですよ。いくらでも使うから。才能ある人って、お金使えるんですよ。

落合　まあ、金勘定抜きですもんね。

鈴木　そうです。で、いろいろ考えて「アニメーション会社を作るしかない」っていうんで、作ったのがジブリなんですよ（1985年6月15日設立）。

落合　ぬぉぉ〜。

鈴木　自分たちで作るしかなかったんです。もうどこの会社も引き受けなかったですからね。『ナウシカ』は確かに評判良かった。でもその結果、「なんだ、作った会社はつぶれちゃったじゃん」ってなると、みんな恐れるわけですよ。高畑、宮崎って本当に人でなしですよねぇ（笑）。面白いものは作るんですけれど。

落合　でも、興行に見合うだけのものは上がってこなかったっていうことですか。

鈴木　だからねぇ……。もう、ついでだから言っちゃうと、『ナウシカ』が成功して、『天空の城ラピュタ』（1986年）もうまくいったんですよ。ところが『となりのトトロ』（1988年）と『火垂るの墓』（1988年）は本当にお客が入んなくて。

落合　あっ、『トトロ』は入らなかったんですか？

鈴木　ジブリの全作品の中で一番入らなかったんです。「昭和30（1955）年を舞台に、お化けと子供たちの交流を描く」って言ったら、作る前から、戦争を知っている（当時の）おじさんたちはみんな反対でしたね。「昭和30年なんて冗談じゃない、あんな時代にいいことなんて何もねえよ」って。それを強引にやったんです。
『トトロ』と『火垂る』がダメだったんで、次の『魔女の宅急便』（1989年）は東映も東宝もやりたがらない。それで、ヤマト運輸にスポンサーになってもらう話がうまくいったんですけれど、東映の偉い人に嫌みは言われました。「これで宮﨑さんも最後だよね」とか。でも、このとき初めて、ちょっと真面目に宣伝をやるんですよ。そしたら、やっぱりお客さんが来てくれたんですよね。宣伝はやるもんだなと思いました。

▼ジブリはなぜ日本テレビの子会社に？

落合　でも、スタジオジブリっていったら『トトロ』が代表作みたいな感じじゃないですか？

鈴木　だから世の中、不思議なんです。結局、今日に至るまでジブリを支えてくれるのは『トトロ』のぬいぐるみですよ。一番入んなかった映画のね。

落合　だってうちの女房、『トトロ』の商品いっぱい買い込んだもん（笑）。

鈴木　ありがとうございます。でも封切ったときは本当に、全然お客さんが来てくれなかった。それが、テレビで放映して初めて人気が出るんですよ(1989年『金曜ロードショー』)。氏家(齊一郎/元日本テレビ会長)さんが頑張ってくれたんです。

落合 あぁ、日本テレビ。

鈴木 ええ。まったくダメだった『トトロ』をね、すごいお金出して放映権を買ってくれたのが氏家さんなんですよ。これがねえ、日テレとのつながりなんです。

落合 なるほど。

鈴木 だから僕、日テレに協力してもらおうかなって思ったのは、氏家さんの存在です(2023年10月、日本テレビホールディングスはスタジオジブリを子会社化)。だって、一番困っていたときに『トトロ』をテレビで、それもゴールデンタイムで放映してくれたのは彼ですから。僕、別にどこのテレビ局がなんだっていうのはないんだけど、やっぱり氏家さんには世話になりましたね。

落合 日本テレビの子会社になって、鈴木さん、ジブリの取締役社長から取締役議長になりましたよね? 議長ってどういう仕事なんですか?

鈴木 何も変わんないような気がするんですけど、氏家さんが最後ね、(日本テレビ取締役会の)議長だったんですよ。それの真似したんですよ。ただそれだけなんです。

落合 じゃあ、社長は日本テレビ?

鈴木　社長は日本テレビから呼びました。

落合　それはジブリのほうに入ってきたんですか？

鈴木　いや、その方もお忙しい方なので、そんなにはね、活躍はなかなか難しいんですけれど。でも、大事なところで登場してもらおうかなって。それだけです。

落合　じゃあ、仕事の分担は今までどおり？

鈴木　変わりません。ジブリは何も変わらない。その方が、最終的に何か起きたときの責任者であるっていうふうにしました。それを引き受けてくれたんで。信頼できそうな方だしね。

落合　普通、子会社っていえば、乗っ取られたような感じに受け止められるけれども、

そうではないんですね？

鈴木　そうではないですね。実を言うと、渡邉恒雄さん（元読売グループ本社代表取締役主筆）が、この件に関しても最終的にご自身でご意見を言われて。どうしてかっていうと、徳間康快《やすよし》（徳間書店・スタジオジブリの元代表取締役社長）とナベツネさんって仲良かったんですよね。「その縁なんだ」と、役員会でお話しされたみたいです。

落合　じゃあ、これからもジブリは今までどおりってことですね。一番気になっていたので。また映画を撮り続けるってことですね。

鈴木　はい。『熱風』（＊1）もよろしくお願いします。

落合　で、なんでオレに『熱風』で書かせようと思ったんですか？

鈴木　単に映画を楽しむだけじゃなくて、こんなに分析的にご覧になっている。そんな人、なかなかいないですよ。それが僕の中で印象に残って、連載をしてもらおうと。落合さんのもうひとつの顔、「映画が好きだ」っていう面を出すことは、落合さんにとっても損じゃないだろうと勝手に考えさせていただいて。いろいろお世話になりました。

落合　いいえ。あの映画10本、選ぶのは大変でしたよ（＊2）。

鈴木　でも面白かったです。本当によかったですよ。『私は貝になりたい』（1959年）の評論とかね。あれを何回もご覧になった話っていうのは忘れないですね。

▼歴代のジブリ作品の裏話

落合　スタジオジブリに社員って何人ぐらいいるんですか。

鈴木　今、300人ぐらいですかね。こんなこと言うと社員に怒られちゃうけれど、本当は僕、60人から70人くらいがいいんですよね。それ以上増えると、誰が誰だかわかんなくなるんで。でも今はしょうがないですよね。そんなにいろんなことやっているつもりもないんですけれど、映画を作る部署と、それを管理して売る人たちと、それから三鷹の森ジブリ美術館、ジブリパーク。かなりの人数になっちゃうんですよね。

落合　これからそれ以上に大きくなるってことは？

鈴木　ないと思いますけどね。宮﨑も本能的にわかってるんですよ。大きくしたら自分の活躍が減るじゃないですか。それが嫌なんですよ（笑）。

落合　スタジオジブリっていう名前の由来は？

鈴木　あれは高畑と僕と宮﨑の3人でいろいろしゃべってて、宮﨑が「ジブリにしよう」って言い出したんですよ。なんでか、〈サハラ砂漠に吹く熱い風〉っていういわれを知ってたんです。

落合 それがジブリ（の意味）？

鈴木 そう。で、宮崎は戦闘機が好きなの。イタリアの戦闘機にあるんですよ、ジブリっていう。

落合 へえ〜。

鈴木 偵察戦闘機なんですけどね。それが〈ＧＨＩＢＬＩ〉で、本当は〝ギブリ〟なんです。

落合 ギブリ？

鈴木 はい。〈ＧＨＩ〉はイタリア語で「ギ」って発音するんですけども、宮崎が「ジブリだ」と主張するんです。それで高畑さんがね、学があるから、「宮さん、これジブリじゃなくてギブリじゃない？」って言ったら、「イタリア人がジブリだって言ってた」って。後にね、ウソだっていうのがわかるんですけど（笑）。

落合 はっはっは（笑）。

鈴木 だから世界で唯一の、珍しい名前の会社になったんですよ。

落合 ジブリには全24作品ありますけども、鈴木さんからすれば、どれが一番思い出に残ってますか？

鈴木 思い出せばいろんなことがあるんですけど、『もののけ姫』（１９９７年）と『千と千尋の神隠し』（２００１年）は格別かもしれないですね。

落合　『もののけ姫』は映画館、並んで観に行きましたもん、息子と女房と3人で。
鈴木　ありがとうございました。
落合　席、座れなくてね。
鈴木　え？　本当ですか。実は今だから言いますけれど、このとき宮﨑は最初、「毛虫の話をやりたい」って言い出して。
落合　毛虫？
鈴木　僕も「毛虫？」って言ったんですよ（笑）。そうしたら「毛虫だ」と。人間は出ないって言うんですよ。道路を歩いていると街路樹があるじゃないですか。毛虫にとって一つの街路樹から次の街路樹、これは冒険の旅で、そこには人間には計り知れない一生があるんだという長編映画を作りたい、って。
　僕、それ聞いてて、なんかつまんないなと思ったんですよね（笑）。それで「宮さん、昔チャンバラの話したでしょう。それ、やりませんか？」って。そこからスタートなんですよ。「毛虫、ダメか？」って言うから、「いや、これ作ったら毛虫やりましょうよ」とかなんとかごまかして（笑）。いや、もうこの作品は宮﨑が本当に頑張ったですね。
落合　社会派的問題ですよね。自然崩壊とかっていうね。
鈴木　そういうことを、彼も本当に真剣に考えていましたね。でも『千と千尋』のほうが、倍ぐらいお客さんが来るんですよね。

落合　流れじゃないですか？　時代の流れ。

鈴木　そういうことなんですね。作品の良し悪しとちょっと関係ないところで、これ（前作）が良かったから、それでこっち（次回作）へ来ちゃうって。

落合　期待感を持って。期待どおりだったかどうかっていうことはまた別にしてね。

鈴木　ええ。あとは『ハウルの動く城』（2004年）のときは、宮崎が一番悩んでたのが、肝心の（城から生えた）足なんですよね。戦国時代の足軽の足にするか、それともニワトリの足にするか、「どっちがいい？」って言われてね。どっちか言えばなんとかなるかなと思って、僕は「ニワトリ」って（笑）。そしたら、それを描いて始まるんです。『風立ちぬ』（2013年）では、零戦のデザインを宮崎が変えちゃったんですよ。「俺が戦時中に生きてて、この人だったらこうする」って。一番悩んでいたのは重慶ですね。零戦って、初めて出撃したのが中国の重慶で、絨毯爆撃、無差別攻撃。これを描く、描かないで悩んで、ついにできなかったですね。

落合　国際問題になる可能性もありますよね。

鈴木　ええ。あとはいつもね、今やってるやつが気になるんですよね。

落合　あぁ、『君たちはどう生きるか』（2023年7月14日公開）。

鈴木　ご覧になって、いかがでしたか。
落合　2回観ましたけどね。
鈴木　2回はすごい。
落合　この作品は宮﨑駿さんの遺書だと思っていたの。最後の大伯父が宮﨑駿さんで、大きくなった宮﨑駿さんと、小さいときの宮﨑駿さんが、「俺の跡を継げ」「いや、自分は自分の生きる道がある」っていう。これを現実に戻すと、宮﨑駿っていう人物は一人しかいないわけで、「だから俺を継ぐ人間はいないんだ」っていうふうにオレは受け止めました。そうしたら、後で知った種明かしで「大伯父は高畑勲さんだ」っていうから、じゃあ話が全然違ってくるなって。
鈴木　でも、その落合さんのご意見は本当に面白かったですよね。というか、やっぱりあれは遺書ですよ。そのつもりで作り始めたんですから。でなきゃ自分の人生、振り返らないですよね。
落合　あの映画に関しては、人それぞれの受け止め方があっていいんだろうと思いますよね。だから、そのタイトルなんだろうと思う。
鈴木　海外でも評判いいんですけど、外国では基本的にタイトルを変えたんです。
落合　このタイトルじゃなくなるんですか？

鈴木　日本人には『君たちはどう生きるか』ってわかりやすいんですけれど、外国ではピンとこない人が多いみたいなんです。だから僕はこうしました。『サギと少年』、『青サギと少年』（英題は〝The Boy and The Heron〟）。そしたら、それが皆さん、「なんか詩的でいいな」って。だから台湾でも韓国でもそういうタイトルです。

落合　そのタイトルを考えるのは鈴木さん？

鈴木　だいたいそうですね。そんな深く考えたわけじゃないんですけれど（笑）。内容からして少年とサギの話だから、それをストレートに出したらいいんじゃないかって。

▼「もう世間に出ないから内緒で作らせて」

落合　『君たちはどう生きるか』は10年ぶりでしょ？

鈴木　そうです。10年ぶりっていったって、ずーっとやってたんですよ。『風立ちぬ』が終わって以来。

落合　はぁ～。

鈴木　やっぱりね、時間がかかるようになってますから。歳が歳なんで（宮崎は1941年生まれ）。

落合　最初の頃は1、2年おきに出てましたよね。

鈴木　最初のうちは、だいたい準備に1年かけて、1年で作るっていうのがテーマだったんですけれど、それが1年の準備で作るのに2年かかるようになって。『風立ちぬ』まではそれでやったんですけれど、「そろそろ辛くなってきた」っていうんでね。それで引退宣言とかね、世間を騒がしちゃったんですけれど、今回は締め切りを決めないでやったんです。そしたら、ああいうものができましたね。締め切りがあるとね、ある意味楽なんですよ。手を抜けるから。

落合　ああ……。

鈴木　ところが、締め切りがないと手を抜けないじゃないですか。だから僕は「そういうものをやるべきじゃないか」と思ったんですよね。というのは、盛大に引退記者会見をやった。「もう一回やる」って言ったら、みっともないですよね。

落合　はっはっは(笑)。

鈴木　だとしたらね、今まで誰も観たことがないようなものを作ってみせる。それしか手はないと思ったんです。しかも大概ね、名を馳せた多くの映画監督、歳取ってから作るものって失敗作が多いんです。それが僕は嫌だったから、ずっと元気で作ってる状態を期待しました。だから今回ね、「お客さんが来た」と聞いたら彼が喜んだんですよ。「来ない」って言えばよかったですかね（笑）。そうすれば、また辞めるんですよ。
落合 辞められないじゃないですか。
鈴木 いや、もうね、死ぬまでやるんだろうなっていう気がしてますね。
落合 辞めるっていうふうになると、自分の手からおもちゃを取り上げられるような感じになっちゃうんですよ。
鈴木 そうです。実際、引退記者会見をやってみて、ハッと我に返ったらね、やることないんですよね。それでねえ、こちょこちょやり始めたんですよ。僕に内緒でね（笑）。
落合 それで10年っていうのは結構長いですよね。
鈴木 でも、なんだかんだで本当に10年かかったんですよ。その間サボってたわけじゃないです。少しずつだけど、亀の歩みで本当にやってましたからねぇ。
落合 「何か作るな」っていうふうな感じは受けてました？
鈴木 それは思ってました。どうせ作りたいって言い出すだろうなと。だから彼が僕に言うときにも、「わかってる」って。「わかってるって何が？」って聞いたら、「みっともないことはわかってるから」って（笑）。
落合 ふっふっふ（笑）。
鈴木 で、本人が言い出したんですよ、「もう世間に出ないから」って。「ここでまた世間に出て何か言っちゃったら、『バカ』って言われるから嫌だ。だから、もう世間に出ないから内緒で作らせて」って言って。家族にも3年間、内緒にしましたね。

僕、最後まで作れるかなっていうのは心配だったんですよ。宮﨑の家系は、80歳を超えた人がほとんどいないんですよね。始めるときに宮﨑が「途中で死ぬかもしれないけど、どうしよう」って言うから、「今考えたってしょうがないんだから。ストーリーボード（絵コンテ）だけは完成させましょうよ」って。「そうすれば宮さん、死んでも大丈夫だから。死ねば、それが引きになってお客さんがいっぱい来るかもしれないから」って言ったら、「嫌なこと言わないで」って言ってましたけどね（笑）。

落合　この『君たちはどう生きるか』という題字は鈴木さんが書いたの？

鈴木　これは、吉野源三郎っていう人が書いた『君たちはどう生きるか』という本（1937年出版）のタイトルロゴをそのまま使わせてもらいました。タイトルのロゴはいろいろありますね。僕が書いているやつもずいぶんあるし、宮﨑が書いたやつもあるし。でも、言葉は宮﨑が考えて。『千と千尋』なんかは、「千」っていう字に宮﨑がすごくこだわったんですよ。プロに書いてもらったけど、全部気に入らなくて、しょうがないから最後に僕が書いたんですよ、これ。

「落合、しゃべるでしょ？」

鈴木 こうやって落合さんと僕がお話ができるのも、（元はといえば）中日グループの方から頼まれたからなんです。要するに、中日が優勝するでしょ、何回も。落合さんがね、優勝パレード後の食事会に来た方たちに対して愛想がないと（笑）。で、僕のミッションは「口をこじ開けてくれませんか？」っていう。

落合 あっ、そう？

鈴木 実はそうだったんです。でも僕、「そんなことできるわけないじゃん、初対面で」って言ってて。食事会に招待されて行ってみたら、なんと僕の席が落合さんの真ん前。「冗談じゃない」と思って、黙って静かにご飯食べてたんです。しゃべるつもりなかったんですよ。そしたら食べ終わっちゃって……。その瞬間、落合さんから声かけてもらったんです。何をおっしゃったか、ご自分で覚えていらっしゃるかどうか。

落合 あぁ、覚えてない。

鈴木 『ゲド戦記』の、あの予告編はあれでいいの？」って言われたんですよ（笑）。

落合 あっはっはっは（笑）。

鈴木　僕もうびっくりして。「そんな、ご覧になったんですか？」って言ったら、「映画を観に行ったときにそれ（予告）を見て、心配になった」っておっしゃって。そこから映画の話になっちゃったんですよ。それが始まりで。

落合　はぁ～。

鈴木　で、食事会が終わった瞬間ですよ。オーナーの白井（文吾）さんが僕のところへ来て、手ぇ握るんですよ。「落合、しゃべるでしょ？」っておっしゃったんです（笑）。

落合　はっはっは（笑）。

鈴木　白井さんがすごい喜んでましたね。「本当に鈴木さん、ありがとう！」って。

落合　オレ、知ってる人だったらしゃべるよ。

鈴木　はっはっは（笑）。それともうひとつ、　僕がやってるラジオ番組に出演していただくことになって、時間がないから質問が1個ぐらいしかできない。それでしょうがなくてね、とんでもないことを聞いちゃうんですよ。「落合さん、強いけれど、いろんなメディア、その他に評判悪い。そのことについてどう思っているんですか？」って。落合さん、黙っちゃうんですよぉ。

落合　へっへっへっへ（笑）。

鈴木　でね、ずーっと長考。そしたらマネージャーの方が「監督、時間です」って。そしたら落合さんが「あ、みんな先に行かせて。オレは後でタクシーで行くから」って。そこからまた長考なんですよ。あれはうれしかったですね。

落合 それは覚えてます。

▼落合監督時代は全試合見ていた

落合 当然、中日ドラゴンズのファンでしょ？ 名古屋だから。

鈴木 生まれたときから、親父によく球場へ連れて行かれてたんで、骨絡みに中日が好きでしたね。だから、落合さんが監督になるっていうときはうれしかったです。選手時代から、落合さんのあの打ち方がすごい好きだったんで。（監督就任時の）記者会見、一回見ただけですけど、いまだに全部覚えてますよ（笑）。どういう野球をやるかまで全部おっしゃったから。「優勝する」っておっしゃったですもんねえ。

落合 優勝するぶんには、そんなに難しいことではないんだろうとは思ってました。

鈴木 すごい。

落合 練習の中身を変えれば、体力もつくし、技術力もアップするだろうし。ただ、これは自分のところの考えだけであって、よそがどれだけ補強して強くなるかっていうのは度外視してね。

鈴木　落合さんが監督時代、僕は全試合ビデオに撮って、全部、毎晩見てたんで（笑）。楽しいんですよ、負けようが勝とうが。一幅の芝居を観るみたいな感じで、負けるときにも負ける意味があったし。負けて面白いっていう試合はねえ、落合さんから教えてもらったんです。

落合　トータルで考えてね、「何個は負けられる」っていう。

鈴木　そうですね。だけど、100試合過ぎてからの勝率はすごかったですよ。

落合　うん。あれは体力勝負ですよ。

鈴木　「やっとスターティングメンバーが決まるっていうのは100試合ぐらいだ」って。見ててもね、「どうなるんだろう？　今年のチームは」って思っちゃうんですよ。毎年違うんですもんね。楽しかったです、とにかく。もう一度見たいですね（笑）。

落合　はっはっは（笑）。

鈴木　今ね、残念なんで。

落合　今のドラゴンズに期待することは？

鈴木　いやぁ、ついに見なくなっちゃったんで、わかんないんです、もう。本当に熱心に見てきたんですけどね。だって、見ると辛すぎますよ（笑）。いくらなんでも、っていう試合が多すぎて。いや、負けてもいいんですよ。負けて満足させられる試合ってあるんですけど、今はなかなか難しい……。いいことが起こるといいんですけどね。

落合 時が経てば、いいことは起きるでしょう。

鈴木 そうですか、はい、わかりました（笑）。今日はありがとうございました。

落合 ありがとうございました。今日はジブリがこれから永遠に続いていくっていうことが聞けたんで、よかったと思います。これからも末永く、よろしくお願いいたします。

*1 スタジオジブリが編集、発行する小冊子（月刊）。落合は２０１２年4月号から13年3月号にかけて映画評論『戦士の休息』を連載した。

*2 『熱風』での連載をもとに『戦士の休息』（岩波書店）を刊行。落合は同書の中でベスト10の作品を選んだ。

対談動画はこちらから

07

張本勲

ISAO
HARIMOTO

張本 勲（はりもと・いさお）

1940年生まれ、広島県出身。浪華商業高校（現・大阪体育大学浪商高校）から東映（現・日本ハム）に入団。ルーキーイヤーの1959年から4番を打つなど活躍し新人王、3年目に打率.336で初の首位打者。通算3085安打、通算500本塁打・300盗塁、16度のシーズン打率3割、9年連続打率3割はすべて今も破られていないNPB記録。首位打者7回はNPB最多タイ。76～79年は巨人、80～81年はロッテでプレーし、引退後は評論家として活動。ご意見番として球界に「喝!」を入れ続けている

「会長が『そうか、決まった。シゲオちゃん！』って呼んだら、隣の部屋から……」

球史に燦然と輝く通算3085安打のレジェンド。「死のうと思った」という高校時代の秘話、巨人への移籍が決まった衝撃の瞬間、幻に終わった4度の監督オファー。ふたりが初めて本格的に交わす打撃論も必読。

▼タクシー運転手の兄の仕送りで浪商へ

落合 張本さん、お生まれは広島県ですよね。小さいときはどういう少年でした？

張本 戦時中、1940（昭和15）年の生まれだから、食べる物はないわね。また家庭が貧乏だったから。友達と帰り際、お腹空いてるから草むらをかき分けて、何か実があるか探して、採って食べたもんや。

落合 遊びといえば？

張本 小学校3年ぐらいまでは山に行って登ったり、川へ飛び込んだり。野球は小学校5年の頃からだね。俺、水泳が得意だったから、中学では水泳部に入りたかった。ところが運が良かったのか悪かったのか、水泳部がなかった。それで野球部に入った。

落合 中学校の頃に本格的に野球を始めて。上手かったでしょうね。

張本 まあ、中の上ぐらい。右手が悪かったから。4歳でやけどをして、右手の小指と薬指がほとんどないから、3本の指でバットを握ってるみたいなもん。なんとか握れたから、野球できたんだね。

落合 中学校から高校へ行くわけですけど、なぜ広島の学校じゃなかったんですか？

張本 入れてくれなかったのよ。入りたかったのは広島商業。きっかけは2歳上の左バッターで、のちに広商から法政大学に行って、カープに入った山本一義さん。

落合 のちにロッテの監督をやりましたね。

張本 そうそう。ほかの中学だったけど、俺はかわいがってもらってたの。それで広商の2年生になっていた山本さんから、「練習があるから参加しろ」と。喜んで行ったよ。30人ぐらいいたかな。一日練習して、明くる日に山本さんがうちまで来て、「二重丸だ、全部。打つ、走る、投げる。もうこれは入ったみたいなものやから」。「ありがとうございます」。で、入ったと思うじゃない？　ところが、4、5日したら「落第」と。

落合 ええっ？

張本 びっくりするわな。兄貴が理由を聞きに行ったら、「あの学生は横暴性がある。うちの校風に合わない」ということを言われてねえ。俺、そんなに暴れたことないんだけどね。ケンカといったって、子供のケンカだから。で、仕方ないから広陵という、やっぱり有名な、甲子園に出る学校を受けに行った。面接で「うちの高校を選んだ理由は？」と聞かれて、「本当は広商に入りたかったけど、採ってくれなかったから仕方なく」と、言わなくてもいいことを。子供だから(笑)。

落合 ふっふっふ(笑)。

張本 「そんな学生をうちは入れない！」と言われてね。そのまま帰ればよかったんだけども、のちに俺がその先生を殴ったということになって、ダメになった。殴った覚えはないんだけど。それで、今の瀬戸内高校――昔は松商（松本商高）という名前だったんだけど、入れてもらった。それも夜学。

落合　ああ、夜間部だったんですね。

張本　「1学期の間ケンカしなければ、昼間部に入れてやる」いう条件付きで。だから昼間は学食でアルバイトして、夜は授業。野球の練習もしたけど、夏の大会は1回戦で負けた。でも野球、うまくなりたいじゃない。どうしたらいいかなあと思ってるとき、散髪屋で何気なくグラフ雑誌を見たら、『常勝！　平安と浪商』とあった。大阪の浪商（現・大阪体育大学浪商）と京都の平安。これが常に甲子園へ行く学校なんだと、子供心に憧れるわなあ。

落合　それで浪商ですか。

張本　そう。「入りたい！」という一心だけよ。16歳で、大阪に行ったこともないのに、学校まで訪ねて行ったのよ。今思ったら、よく行ったわねえ。

落合　ですよねえ。

張本　当時の浪商の野球部長兼監督、中島春雄さん。よく会ってくれたんだけども、「帰れ！」と言われて。「そういう学生が日本全国から来るんだ。１００人来たら１００

人、みんな泣きながら帰る。そんな姿は見たくないから」と。「そんなこと言わないで、ちょっとでもいいから、走るとこ、打つとこ、投げるとこ、見てください！」とすがりついて。それで30分ぐらい練習したかな。「よし、下宿の世話したる」と。入れてやるということですよ。飛び上がったわねえ！ それはもう、うれしくて、ありがたくて。

落合 おおぉ。

張本 当時、10歳上の兄貴がタクシーの運転手をやっててね。最初は兄貴もおふくろも大反対だったけど、泣き泣き「行かせてくれぇ」と1週間粘ったら、兄貴が松商の監督に聞きに行ったのよ。「うちの弟はどうか」と。そうしたら、「無理にでも行かせてやってくれ。ひょっとしたら化けるかもわかりません」と。その言葉を信用して「よし、行かしちゃる」って。うれしかったねえ。月に1万円、送ってくれることになってね。

落合 当時の1万円っていったら、大きいですよね。

張本 当時、大卒の初任給は2万円もなかったし、兄貴の月の稼ぎが2万円くらいだったそうやから、その半分くらいやからね。それは必死で練習したわな。バットを死ぬほど振って。ようやく3年でレギュラーになって。それで打てるようになったんだけどね。

▼敵《かたき》を取って死のうと思った

落合　それで、甲子園は？

張本　甲子園は……。まず、2年生の秋の大会、優勝した。これで甲子園に行ける、センバツに出られる。喜ぶわなあ。ところが近畿大会の前になって、1年生部員が2人、昼に繁華街をうろうろしてたら補導員に見つかった。その2人が「野球部に言ったら先輩に殴られる」と訴えたらしい。それを補導員が高野連に報告したものだから、浪商に連絡があって。そういう野球部なら、甲子園に出られなくなるよね。

落合　不祥事ですよね。

張本　それで、中島さんから代わっていた新しい野球部長がね、「張本一人がやりました。張本を休部にします」ということを手紙に書いて出したわけ。高野連もおかしいわね。調べりゃ、すぐわかるんだから。何十人と証人がいるのに、ちゃんと調べないでその手紙を信用したわけよ。

落合　レギュラー張ってる人は不祥事が起きたら出場停止になるから、しませんもんね。

張本　その新部長はね、もともと俺のことが気に入らなかったらしい。というのは、そのときすでに、プロ野球各球団のスカウトが俺のとこへ来てたのよ。まだドラフトがなかったから。それを俺は全部、恩義のある中島さんに相談してたわけ。そしたら新部長に呼ばれてね、「今の部長は俺だ。俺に相談しに来い」と。でも俺は子供だから、「いや、私は中島前監督に相談に行きます」。その態度が気に入らなかったんだね。

落合　それで休部ですか？

張本　そうよ。プロ野球に行けるような4番バッターを犠牲にして、「こいつ一人が悪い」と。「ならばチームは助ける」ってことで、浪商は近畿大会に出られて、甲子園に行く可能性は残ったの（※1957年秋、浪商は近畿大会ベスト4。しかし結局、不祥事を理由に翌年春のセンバツ大会は出場を辞退した）。

落合　甲子園、やっぱり出たかったでしょうね。

張本　行きたいわなあ！　高校球児はみんな夢にまで見るわな。それでね、俺の休部が明けたのは3年生になった5月末よ。夏の大会には間に合うと思うやない。新部長に「明けたら公式戦に出られる」と聞いてたからね。ところが実際には、復帰しても3ヵ月は公式戦に出られないっていうルールがあったんや。

落合　謹慎処分ですね。

張本　そうなのよ。そのときのだまされた気持ち、子供心。新部長が憎かったね。「今にも敵《かたき》取って、俺も死のう」って、そのとき思ったんだよ。甲子園に行けないんなら、世の中真っ暗になるじゃない……。ましてや、浪商は夏の甲子園に出たんだから。

だから、俺は人生で3回死んでるの。まず1回は、4歳で焚き火の中に突っ込んだ。通りがかりの人が、俺の体を引き上げてくれたから助かった。次は原爆。比治山《ひじやま》という山の西側に原爆が落ちた。その山の東側のふもとに住んどったんですよ。20軒ぐらいの集落。だから原爆の光とか、変なガスとか、そういうものをそのあたりだけは吸わなくて助かった。反対側はもう全滅や。これが2回目。それで3回目が、甲子園に出られなかったときですよ。

落合　学校としては甲子園に出て、どうだったんですか。

張本　一回戦で負けた（笑）。で、本当に敵《かたき》取って死のうと思ったけど、1年生で野球部を辞めた山本集《あつむ》という親友に相談したのよ。集は言ったね。「おまえの好きなお母さんが嘆くぞ。兄貴が悲しむぞ。おまえはプロ野球に行くだけの力は持ってるじゃないか。3年だけ必死で、死んだつもりで野球やってみろ。それでダメなら、それから敵《かたき》討ちできるじゃないか」と。ハッとして、それもそうだなと。野球に救われたね。

野球に救われたといえばね、日韓親善高校野球というのがあって。メンバーは夏の甲子園に出られなかった在日韓国人の高校生が中心。俺が選ばれたときは第3回で、韓国に行って15試合やって、14勝1引き分け。本塁打賞とかタイトルをたくさん獲って、日

本に帰ってきたら、プロ野球のスカウトが何球団も来たのよ。

落合　まだドラフトがないですから、一本釣りですよね。

張本　本当は巨人に入りたかったんだけどね。水原（茂）監督（のちに張本が所属する東映の監督も務めた）が、まだ俺が2年生のときに獲りに来たわけ。兄貴に相談したら、「俺は学校出てないから、せめて高校だけは出てくれ」と。その話を水原監督にしたら、「偉いお兄さんだ、卒業まで待とう」と。で、高校を卒業したら巨人が獲りに来るんだけど、球団社長が反対したそうですよ。「あの男は横暴性がある」と、昔の話を引っ張り出して。それで生まれも育ちも広島だから、広島に入ろうとしたんだけど、「契約金が高い」と言って途中で降りた。最後に東映（現・日本ハム）と中日が残ったのよ。

落合　中日ですか。

張本　兄貴は中日を推薦したのよ。スカウト部長がとても人間的に素晴らしい人でね。ところが兄貴が言うには、「おまえが『男の勝負は東京だ』って言っただろう」と。俺は覚えてないんだけどね。

落合　契約金は当時、目の前で現金ですか。

張本　現金。当時は1万円札が新しく出たばっかりで、契約金は千円札だった。新聞紙に包んで、抱えて帰って、「おふくろ、これ契約金や」って。でもそんなお金、見たことなぃわな。「おまえ、また悪いことしたのか」って言われて（笑）。それで俺は、兄貴にその（東映との契約金）200万円を渡して、「これからもっと稼いで頑張るから。東京に行くから10万だけください。その代わり小さい家を建ててくれ」って。シーズンオフになって、「家建てた」って言うから帰ったら、本当にしょうもない2階建ての家だけどね、俺には御殿みたいに見えたよ。長屋でずっと暮らしてたから。100万で建った。53坪だよ。今じゃ考えられないよな。まだ東京オリンピックの前だから。

野球のことしか考えなかった

落合　1年目はどうでしたか。

張本　開幕戦（1959年4月10日、駒澤球場）、6番・レフトで出してもらって、初打席は3球三振。風のある場面でフライが飛んできてバンザイして、すぐ交代させられた。ああ、これは二軍だ……と思って。相手ピッチャー、米田（哲也）さんよ。

落合　阪急の？

張本　そう。全盛のときの米田さん。真っすぐ、ものすごい速い。がっくりきたけど、明くる日、また6番・レフトで先発。「ようし！」と思って。運良く二塁打、ヒットを打てて、それからゲームに出してもらえるようになって。なんとか1年、通用したよ。

落合　1年目、新人王ですよね。

張本　でも成績は良くないの。打率が2割7分ちょっと（・275）、ホームランも十何本（13本）。全然ダメだなと思ったけども、他に候補がいなかったのが幸いしたね。

落合　でも、1年目から4番を打ったんですよね。

張本　そうそう、トントン拍子にレギュラーになって。18、19歳で4番打ったのは、俺と近鉄の土井（正博）ぐらいかな。やっぱり選手がいなかったのも幸いしたと思うよ。

落合　「プロ野球ってこんなに簡単な世界なのか」と、そのとき思いませんでしたか？

張本　いやぁ、思わないよ。あの頃のパ・リーグはいいピッチャーがおったから。米田さんに杉浦（忠／元南海）さん、稲尾（和久）さん。3割打つのも必死よ。これはメシ食えるのかな……と思ったな。5年ぐらいして、ようやく何とか。3年目ぐらいまでは必死だったね。起きたらバット振って、寝る前にバット振って。苦しかったけど、今考えたらね、その時代が一番幸せだったかもわからんな。18から27、28まで、野球のことしか考えなかった人生だから。

落合　巷の噂ではね、杉浦さんが外からカーブを投げて打ちに行ったら、腹に当たったっていう話を聞いたことあるんですけど、本当ですか。

張本 アウトコースからものすごい曲がって、腹というか左の膝に当たったの。あんなカーブ、今投げる人いないよね。アメリカでも投げる人いないでしょう。東映で3番を打ってた西園寺（昭夫）さん、右バッターだけど、背中から（ボールが）来てひっくり返ったんだから。それでアウトコース、ストライクだった。笑うわな（笑）。アンパイアもくすくす笑って。投げた杉浦さんもくすくす笑う。それぐらいのカーブなの。

落合 ははぁ。

張本 のちに杉浦さんに聞いたら「（変化が）大きすぎて困った」って言うてた。「キチッと切ったときに、どこ行くのかわからんぐらい曲がるから」って。ピッチャーでびっくりしたのは杉浦さんのカーブと、金田（正一）さんの真っすぐ。

落合 金田さんもやっぱり速かったですか。

張本 速かったねえ！　オールスターのとき、びっくりして。キャッチャーが元大洋の土井（淳《きよし》）さん。「張本、速いやろ。こんなのパ・リーグでおらんやろ？」「おりませんね」。そしたら金田さん、2、3歩マウンドから下りてきて、「ハリ、次、真っすぐやで」。そんな宣言するピッチャーおる？

落合 はっはっは（笑）。

張本　わかってても、かすりもしなかったよ。速かった。軽かったけどね。だから、のちにスピードが落ちたときには、よくホームラン打たれてたけどね。あと、右ピッチャーで速かったのは尾崎（行雄／元東映）。浪商の後輩。

落合　はい。

張本　尾崎はずいぶん速かった。土橋（正幸／元東映）さんも速かったけど。「速いなあ！」と思ったピッチャー、誰かおる？

落合　郭泰源《かくたいげん》（元西武）はやっぱり速かった。〝オリエンタル・エクスプレス〟って言われてね。真っすぐとスライダーね。これは打てないと思った。

張本　ほう。やっぱり落合にも打てないピッチャーがいたんだ。

落合　あとは「速い」と言っても、めちゃくちゃ速いって感じたピッチャーはそんなにいなかったですけどね。

張本　そうだろうな。それは落合ほどのバッターだもん。そう感じないもんな。

▼二軍時代の落合を川崎まで見に行った

落合　現役のときの監督っていうのは、何人くらいとやってますか。

張本 数えたことはないけども、10人はおったかね。だいたい選手は、キャンプのときにわかるわね。評価するから。この監督はもうダメだとか、これは戦えるぞとか。

落合 あっはっは（笑）。

張本 大選手、なかなか大監督になれんわなあ。大下（弘／元セネタース～東急、西鉄）さんとか藤村（富美男／元大阪～阪神）さんは監督にならないほうがよかったわね。人が良すぎて。落合は大選手で大監督になったけど、やっぱり監督は非情じゃないとダメなんじゃない？

落合 まあ、そうですね（笑）。

張本 相手がどう思おうと「俺の信念はこうだ」という人じゃないと成功しないわな。

落合 流されちゃダメですね。

張本 それができるか、できないかよね。

落合 じゃあ、プロに入って影響を受けた監督っていうのは、そうはいないですか。

張本 水原監督ぐらいかな。「プロ野球は、ファンあっての選手だ」と教えてもらったね。（聞いた当時は）半信半疑だったけど、巨人に行ってよくわかった。「自分のためでもチームのためでもない、ファンのためだ」と。

落合 となると、張本さんの野球人生の中で、打ち方はこうだ、守り方はどうだ、走り方はどうだっていうことを、細かく教えてくれた人はいなかったんじゃないんですか？

張本　いなかったな。入って1年だけ、松木謙治郎さん（当時の東映打撃コーチ）という方にバッティングを教えてもらった。あとは見よう見まねで。そういえば、落合も土肥（健二／元ロッテ）のバッティングを見て研究したっていうの、本当か？

落合　本当です。

張本　うまかったもんなあ、土肥。

落合　それと、加藤秀（司）さんね。

張本　加藤秀？　左バッターやろ。あれ見て参考になった？

落合　参考になりました。2人が練習してるのは、ビジターでもホームでも、ベンチからよく眺めてましたよ。

張本　落合のことはね、高畠（康真《やすまさ》）コーチがロッテにいたとき、「ハリさん、二軍にすごくいいバッターがおるんです」と言われてね。「なんで上（一軍）に上げんのや？」「山内（一弘）監督が上げないんですよ」と。家が近かったから、川崎まで見に行ったことがある。知らんだろうけど。

落合　いやあ、知りませんでした（笑）。

張本　見て、いいバッターだと思って。レギュラーになってなくて「いいなあ」と思ったのは、東映のときの大杉（勝男）と落合ぐらいよ。それで、山内さんに「なんで上げんの？」って聞いたらね、「近めの速い球、打てへん」って。俺は「近めの速い球、誰が打てたんや。あんたでも俺でも、ONでも打てへんやないか。それをしっかりスイングしてファウルにして、次の甘い球を打ったんじゃないの？」と言ったのよ。それでまた、山内さんは野球に非常に純粋な人じゃない。「ああ、そうか。それなら上げようか」と言うて。やっぱり落合も、わずかでも下積みの時代があったということよな。一緒のロッカーだったもんな。あの汚いロッカー、隣の隣だもんな（笑）。

落合 ちょうど斜め前くらいに張本さんがいてね。

張本 ノンプロも使わないよ、あんなところは（笑）。懐かしい。お世辞じゃないけど、俺、解説者として見に行きたいと思った選手は2人しかいなかったよ。落合とイチロー。わざわざ見に行ったもんだよ。

落合 ありがとうございます。

張本 落合がすごかったのは、左足。今、10人おったら9人は左足を上げるよ。でも難しいのよ、上げるのは。王（貞治）みたいに、上げたほうがタイミングを取れる選手もおるけど、上げたときに球を探すのか、下りかけて探すのか、下りてから探すのか。難しいよな。コンマ3秒か4秒しかないんだから。落合が一番すごかったのは、左足が這うようにステップする。三冠王を獲った年、あるいは50本ホームランを打った年、何回か見に行ったな。あんなステップする選手は今、いないよ。

大谷（翔平）がいいのは、足を上げないし、だいたいノンステップで打つような形だからね。７つか８つの動く球、落ちる球、逃げる球を正確に強く打つには、こっちが動かないほうがいいわな。ところが、多少は反動がないと力が出ないから、それでも動くんだけどね。その動くのが難しいよね。イチローなんか、あの足のタイミングっていうのは特殊なもんだね。あんな選手はもう出てこないわな。

▼「アホ！　何本打ったら気が済むんや」

落合　張本さんは首位打者を７回獲るわけですけども、獲りながら一番悔しい思いをしたのは、やっぱり３割８分、９分打ったときですか？（１９７０年、打率・３８３）

張本　あのときはまあ、悔しいよりも、良かったと思うのが強かったけどな。

落合　でも当時は４割、４割って騒がれてましたよね。

張本　一度、・３９８までいって、後楽園球場で、次にヒット打ったら４割。〈・４００〉っていう数字を写真とかに残したいじゃない。でもダメだった。ロッテ戦よ。

ファーストゴロで、（当時ロッテのファーストだった）榎本（喜八《きはち》）さんに笑われてね。ただ俺、（通算で）1万1000打席ぐらいかな。2750試合ぐらい出てるけど、打席に楽しく入ったことは1回もないわなあ……。今の選手はよく「楽しい」と言うけども。

落合　「楽しい」って言いますもんね。

張本　一度、南海戦でたまたま運良く4打数4安打、打ったんだよ。駒澤球場。それで次の打席、ワンスリー（カウント3‐1）になって。アンパイアが沖（克巳）さんという方。アウトコース見逃したら、「ストラ〜イク！」。俺は「沖さん！　今の何がストライクですか、ボールでしょう！」と。歩きたいから。それなら4の4で終わるからね。

そしたらノムさん（野村克也）が呆れて、「アホ！　4本打っといて。何本打ったら気が済むんや」って言われたことあるんよ。俺は「何言うてるんですか。次にヒット打てるって誰が保証するんですか！」と。極端に言えば、生活がかかってると思うから、必死に打ちに行ったもんやあ。だから二度と野球選手にはなりたくない（笑）。引退のときはホッとしたよ。それから2年間でものすごい太ったよ。

落合　はっはっは（笑）。

張本　飲めや食えや歌えや、友達と銀座で肩組んで歩くわ、こんな楽しい人生があったかなと思うぐらい。だけど今考えたら、現役のときのほうが苦しかったけど、一番幸せ

当時のシーズン最高記録を更新する打率.383を残した1970年（東映時代）

な時期だったかもわからん。

▼監督の誘いは4回あった

落合 張本さん、監督っていう話はなかったんですか？

張本 4回あったよ。ロッテが3回。

落合 なぜ受けなかったんですか？

張本 うちのおふくろがね、嫁に「勲ちゃんに監督させちゃダメよ。死んじまうよ」と。楽な商売じゃないでしょ？ で、家族も「絶対やっちゃダメだ」と。ロッテの1回目は重光（武雄）オーナーに呼ばれて、「やれ」と。ただ、山内さんがまだ任期の途中だったから「山内さんを押し出して監督？ それは私の生き方ではできません」と。

落合 それで山本一義さんが監督になって。稲尾（和久）さんはその後ですね。

張本 そう。山本さんの後、また自分に監督の話が来たんだけど、当時は評論家になって、いろんな分野の人たちと交流が多くなってた時期で、「まだ半人前ですから」とお断りした。「じゃあ誰か推薦しろ」って言うんで、土橋さんと稲尾さんを紹介したの。ただ、土橋さんはすでにヤクルトのコーチに決まっとったらしい。それで稲尾さんに監督の話がきたの。俺、稲尾さんとは仲が良かったんだ。いい人でね。よく名球会で一緒にゴルフしたりね。「こんないい人だったかなあ、あの大投手が」と思ったことあるよ。

落合　監督には不向きでしたね（笑）。

張本　人が良すぎるもんね。これは誰かに聞いた話で、本当かどうか知らんけど、「（当時のロッテでは）戦略的には、マウンドに集まったら落合の言うとおりにしてた」って（笑）。監督が自分で意見を言わないから、「落合、どうや？」って。落合が監督みたいだって言ってたよ（笑）。

落合　「ベンチで寝ててください。ゲーム終わったら勝ってますから」って、よく言ってましたけど（笑）。でも張本さん、周りの反対がなかったら、監督やってました？

張本　やってたかもわからんな。ただ俺もね、「現役で苦労して、また監督で？」っていうのもあった。で、3回目は日本ハム。大沢（啓二）さんが常務のときね。4回目はやっぱりロッテ。今の会長、ジュニア（重光昭夫）が金田さんに「次、張本さんでいこうと思うんだが」って相談したら、金田さんが「やめとけ、あれ（張本）はやらない」って言うたらしい。そんなの、一緒に行動してたら、冗談で「監督なんかやらない」って言うじゃないの。それを真に受けて、金田さんが「その代わり俺がやる」と（笑）。

▼急展開で決まった巨人へのトレード

落合 日本ハムから巨人にトレードで行く（1975年オフ）、そのいきさつっていうのは？

張本 俺は最後まで同じチームにおりたかった。だけど大杉が出され、白仁天《はくじんてん》が出され、大下（剛史）が出され……。「兄貴、今度はあんたの番だよ」と大杉に言われたことがあったから、覚悟はしてたのよ。そしたら当時、日本ハムの球団社長だった三原（脩）さんがね、「おまえ、どこか行きたいらしいけども、行きたいところに行かせてやるぞ」と。さすがに大きな人物だなあと思って、どこへ行こうかと考えた。阪神の吉田（義男）監督に、何かの機会で一緒になったときに相性が合って、かわいがってもらってたから電話してみたら、「ええよ、阪神来るか？」「え、ホンマですか？」。甲子園、浪商のときから行きたかったじゃないの。

落合 はい。

張本 夢にまで見た甲子園でプレーしたいわねえ。観客は多いし、きれいな広いグラウンドで動きやすいし。何回かよっさんと連絡取り合って。「上まで話しとるから、来いや」。飛び上がって喜んで、西宮に土地を買って、家まで建てたよ。

そんなとき、俺の個人の後援会長を通じて、長嶋（茂雄／当時巨人監督）さんの個人の後援会長に呼ばれてね。俺も何回かお会いしたことがあったんだけどね。だーっと広い部屋で会長にお会いして、あいさつしたらトレードの話になった。「おまえ、巨人は嫌いか？」「いや、巨人は子供の頃からファンで、好きです」「巨人、入りたいか？」「それは会長、できるなら巨人でプレーしたいと誰もが思ってますから」。そう言うと、「そうか、決まった」と言うわけ。で、「シゲオちゃん！」って会長が呼んだら、隣の部屋から長嶋監督が出てきたのよ。

落合　はっはっは（笑）。

張本　びっくりするわな。俺、飛び上がって、直立不動で「監督！」。汗だくだくや。「シ

1975年オフ、巨人への移籍が決定。左は正力亨オーナー、右は長嶋監督

ゲオちゃん、決まったぞ。まあ座れ」。それで長嶋監督に「いいのか?」と言われて、「はい! いや、ちょっと2日だけ待ってください」と。吉田さんのことがあるから。
帰って夕方、吉田さんのところへ電話したよ。「よっさん、言いにくいんですが……」って話したら、何を言ってくれたと思う? 「良かったやないかい。東京だし、おまえ巨人好きだったやないかい。頑張りや」。こんなこと言う人いる?

落合 ふっふっふ(笑)。

張本 10人おったら9人、「上まで通しとるんや。もう一回考えてくれや」と言うわな。それが普通やないか。受話器持って、涙が出てね。西のほう見て、頭下げて。頭が上がらなかった。うれしいやら、びっくりするやらね。だから俺、いまだに吉田さん、尊敬してるし好きなんだよ。それで巨人に入ったんだから(巨人の高橋一三投手、富田勝内野手と2対1の交換トレード)。

落合 それで、巨人にいたのは4年ですか。巨人を出ることになるいきさつというのは?

張本 左目を痛めたのよ。中心性網膜炎といってね、原因もわからん、治りもしないそうですよ。一番悪くなると、黒い目玉の真ん中に水膨れができるのよ。そしたら横とか周りは見えるんだけど、真ん中だけ見えない。俺は、それにちょっとかかってたらしいんだよ。それで非常にボールが見にくいわけよ。コンタクトもやったことあるけど、俺は合わないらしくて。

それもあったし、ちょっと力も衰えたしね。それで、オーナー同士で決めたそうですよ。ロッテの重光オーナーが巨人の正力オーナーに、オーナー会議かなんかで「張本をくれ、次の監督にさせる」とおっしゃったそうですよ。後で聞いた話だけどね。

その年の納会でね、正力オーナーはじめ、重役がずらーっと並んでて。俺は王と一緒の席で、「ハリやん、オーナーのところにあいさつ行こう」って。一緒に行って、酒をついで、「お世話になりました」って言ったら、正力オーナーが、「おまえのためにトレードするんだから」と。そうしたら、王が何と言ってくれたと思う？

「張本のことを思ってるなら、残してやってください。あと三十何本で3000本安打ですから」と。びっくりしましたな。周りの重役も、飲むのをやめてね。あの王が真剣に言ってくれるんだから。涙が出るよな。「ワンちゃん、ありがとう。もう決まってることやから」と言ったら、「そうか」ということで席に戻ったけど、涙が止まらない。王はそういうところがあるんですよ。みんな頑固だとか言うけどね。それでロッテに行った。

▼3000本安打の翌日に「申し訳ない」

落合　川崎球場でプロ野球初の3000本安打を打ったとき（1980年5月28日、対阪急戦の6回裏、山口高志から2ラン本塁打）っていうのは、どうでした?

張本　何日か前からあんまり打てなくて。あの日は1打席目にライト前ヒットを打って、あと1本で3000本。ピッチャー、阪急の山口。速い球や。「これは打てんど、今の俺は」と思って、よし、ヤマ張ってやろうと。ヤマ張って打ったことある?

落合　いや、ないです。

張本　やっぱり落合ほどのバッターなら、ヤマは張る必要がない。俺も来た球で勝負。ところが、そのときだけヤマ張ったんだよ。山口は真っすぐに自信持ってるから、絶対真っすぐから入ってくるだろうと思って。ちょっとボール気味の高い球だった。1、2、3でヤマ張ったら、ピターッと合ったんだ。それはうれしかったよ。

ただね、後から映像を見たら、ヘルメットを放り投げて喜んで一周してる。明くる日、山口に「申し訳ない」って謝ったんだよ。俺はあれ（派手に喜ぶポーズ）、好きじゃないんだよ。いかにも「俺はおまえに勝ったんだ」というね。解説のときも、「ガッツポーズ

巨人からロッテに移籍した1980年の5月28日、通算3000本安打を達成。左は母・順分さん

は絶対手を上に上げるな」と言うたことある。そういう態度を取ったのが非常に恥ずかしくてね。「申し訳ない。瞬間的に出たから、勘弁してくれ」と言ったら、「いやいや張本さん、気にしないでください」と言われて、助かったけどね。

落合　当時、ガッツポーズをやったら次の打席、必ず報復受けてましたもんね。

張本　必ず来たよ。もう星野仙一とか東尾（修）は100パーセント（笑）。よけるの大変だったもんね、あの頃はね。

落合　いつの時代からですかね。今みたいに派手なパフォーマンスをするようになったのは。

張本　アメリカにならったんでしょう。いつからかわからんけどね。

▼タイミングの取り方を誰も教えていない

落合　張本さんのバッティング、〝扇打法〟って言われたでしょう？　それについて、どう思われます？

張本　俺は長距離バッターよりは中距離バッターになったからね。アウトコースを流して、真ん中はセンター、近めはライトに打つ。だから扇打法。今でもね、若い人に教えるのは「バッターは絶対、形をつくらなきゃダメだ」と。自分の体に合った形、バッティングフォーム、まずつくらなきゃ打てない。今のバッターを見てみろ。打ちにいって、見逃したらすぐ（フォームを）ほどく。打ちにいって見逃した後、もしもキャッチャーからボールが出てきたら、もう一回打てるような体勢じゃないと。

あとは応用。近めの球は引っ張って、アウトコースの球は流す。真ん中はセンター前。ポイントは、その人によって違う。長距離バッターだと、（コースにかかわらず）ポイントが同じなんだよ。俺ら中距離バッターは、左バッターなら近めは体の前。真ん中はベースの前。で、流すときは左の膝までボールを引っ張ってこないと、レフトに流れない。右バッターは逆ね。

落合　張本さんは一度、「自分は構えたところから、そのまま振ってる」っていうことをおっしゃいましたよね？　でも、実際には動いてるんですよね？

張本　そう。

落合　構えたところからの手の動きが、今のバッターにないんですよね。

張本　ないんだよなあ。

落合　「それをしちゃダメだ」っていうふうに教えたのか、それとも自然にその動きがなくなったのか。どっちだと思います？

張本　今の選手？　教える人がいないから、自己流だよ。

落合　昔のバッターは、みんな構えたところから動きましたよね。

張本　そう、動いた。タイミング取ってたよ。落合もそうだろ？　前（手をいったん投手側へ動かすヒッチの動作）からタイミング取ってたな。

落合　ええ。ベーブ・ルース（元レッドソックス、ヤンキースほか）なんかも最たるもので、大きく動いてますよね。なんで今のバッターって、動かなくなったんだと思います？

張本　タイミングの取り方がわからないんだろう。どうしていいのか。

落合　一番大事なところを教わってないんですよね。

張本　一番難しい。どこで球を捕まえるのか、探すのか。コンマ3秒か4秒の間に、球を探して打ちに行かないといかんからな。今の選手は探しながら打ってるから、もう止まらないよ。前（投手方向）に行ってるから、ボール球でも振っちゃうもんな。

落合　それは、足を上げるのと一緒に手が上に動いて、足が下りてくるときに手が一緒に下りてくるから。

張本　そうなんだよ。だから前（投手方向）で変化されたら、まったくもろいんだよ。一点しか、あるいは弱い球しか打てない。そのタイミングを教えてあげりゃいいんだけどね。なんで教えないのかな、と思うね。最近は大谷がいるから、アメリカの野球を仕方なく見てるんだけど、みんなそうだもん。手と足、一緒に打ちに行ってる。当たりゃあ飛ぶわな。でも当たらない。スターティングメンバーを見ると、だいたいみんな2割4分、5分。大谷だけ3割1分。あのタイミングを教えないのかな。

落合　これから先、このヒッチとコックを使うっていうのができるような時代、また来ると思います？

張本　来てもらいたいな。落合ぐらい説得力のある人がそう言うと、指導者やコーチなんかが見たら参考にすると思うからね。そうじゃないとダメになる、野球が。

落合　いっとき、「ヒッチとコックはダメだ」という教え方をする時代があったんです。

「構えたところからそのまま振りなさい」って。それからだと思う。

張本 あった、あった。「構えたところから打て」。

落合 今の指導者っていうのは、そういう時代で育ってきてるから、その（ヒッチとコックを使う）教え方ができないんじゃないのかなと思うんですけどね。

張本 もったいないな。日本人には野球って、本当に合うスポーツなんだけどね。それはぜひ強く言ってもらいたいわ。俺からも強く言っておきたい。

落合 ありがとうございます。

張本 やっぱりバッティングは追求して、研究して、勉強していかないと。ただ単に、来た球を打って楽しいんじゃないから。

落合 ええ。張本さん、今日はどうでしたか？

張本 三冠王を3回獲った男と話ができて良かった。バッティングの内容も聞いたし、いろいろ野球の勉強もできたし。今日はありがとう。

落合 ありがとうございました。

08

廣岡達朗

TATSURO
HIROOKA

「『管理野球』じゃないんだよ。人間のやるべきこと、真理を言ってるんだって」

V9前夜の時代に巨人軍のショートストップを守り、監督としてヤクルト、西武を初のリーグ優勝に導いた伝説の野球人。歯に衣着せぬ物言いながら、ほとばしるのは今も燃え盛る野球への愛だった。

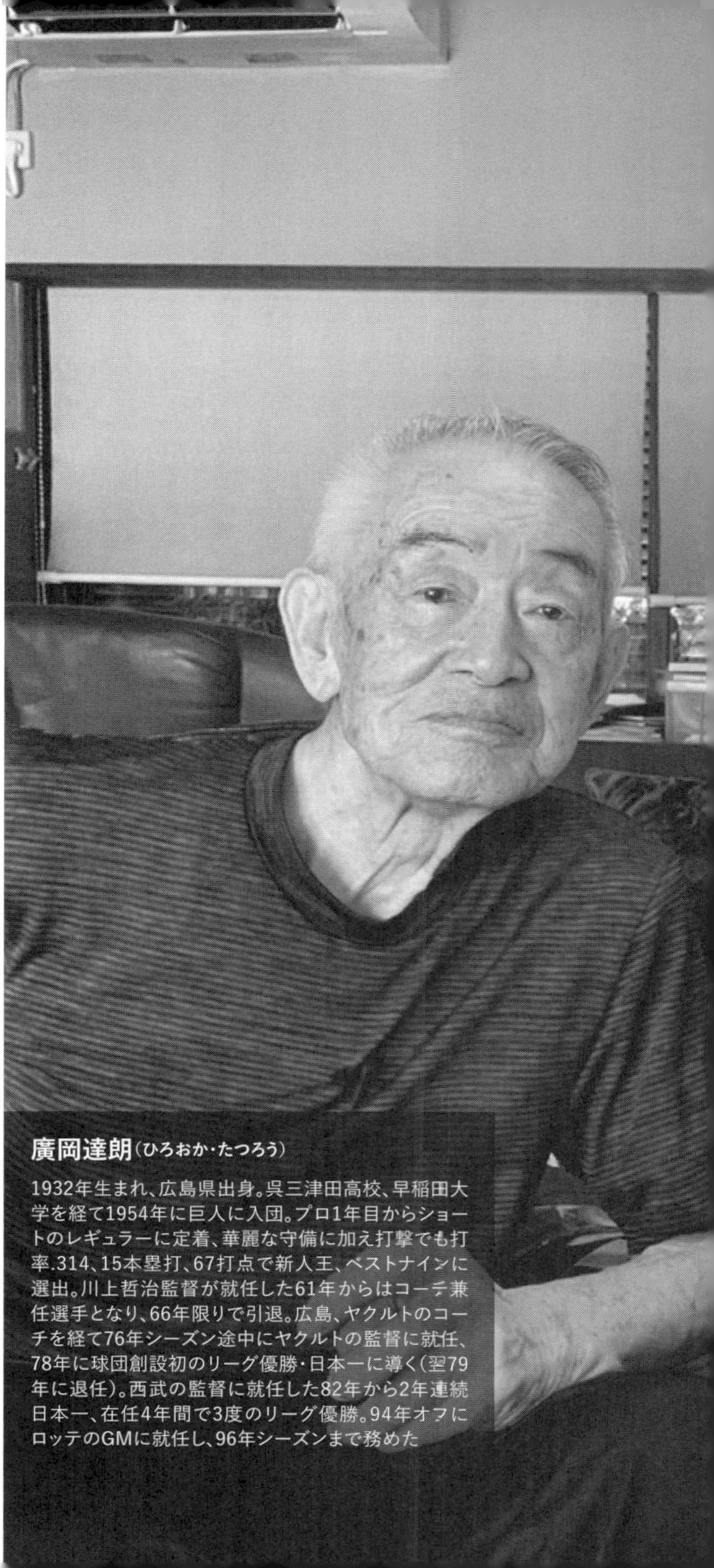

廣岡達朗（ひろおか・たつろう）

1932年生まれ、広島県出身。呉三津田高校、早稲田大学を経て1954年に巨人に入団。プロ1年目からショートのレギュラーに定着、華麗な守備に加え打撃でも打率.314、15本塁打、67打点で新人王、ベストナインに選出。川上哲治監督が就任した61年からはコーチ兼任選手となり、66年限りで引退。広島、ヤクルトのコーチを経て76年シーズン途中にヤクルトの監督に就任、78年に球団創設初のリーグ優勝・日本一に導く（翌79年に退任）。西武の監督に就任した82年から2年連続日本一、在任4年間で3度のリーグ優勝。94年オフにロッテのGMに就任し、96年シーズンまで務めた

▼広島の町の中に人影が焼きついていた

落合　今日は廣岡達朗さんのお宅にお招きいただいております。廣岡さん、よろしくお願いいいたします。

廣岡　どうぞ、なんでも聞いてください。

落合　廣岡さんの小さいときっていうのは、どういう少年でした？

廣岡　（廣岡家の写真を見ながら説明）これが一番上（長男・晋さん）。その次が姉さん（長女・道子さん）。その次が次男（※三男・敏夫さんのこと。次男は3歳で病没）、それから広島カープ（１９５２年に内野手として広島に入団し、59年までプレーした四男の富夫さんを指して）。これが私（五男）。

落合　末っ子なんですね。

廣岡　うん。当時は配給制だから、ぜいたく一切できない。今みたいに「おいしいから食べる」っていうものはない。もう本当に、そこにあるものがありがたいって、感謝の気持ちが強かったね。ただ親父が海軍だったから、どっちかというと裕福なほうだった。大八車で呉《くれ》の工場に部品をもらいに行ったもん。あの頃、戦艦大和、それから伊号っていう潜水艦。あれも呉のドックでやったんだよ。その艦長がうちの前に住んでた。思い出がたくさんあるよ。ほいで、中学2年生で原爆に遭って。

落合 そのとき、まだ呉にいたんですか?

廣岡 うん。原爆、ビュワァッと。すごかったよ。

落合 原爆が投下されたのは広島市内ですよね?

廣岡 広島に落ちて、呉は海辺で山があったからまだ助かったけどね。黒い雨、当たったもん。どうもないけどね。「雨が降ってきた!」って。ほいで、校舎に入ったもん。

落合 校舎は焼けてなかったんですか?

廣岡 焼けてない。家も焼けなかった。あれね、放射能がビャーッといくんですよ。屋根にビャーッといったとこだけ、みんな傷んでる。それから、町の中に人影が焼きついてる。僕ら、広商(広島商業)と対外試合やったときに見て、本当にね、「はあ、すごいな」と思ったもん。

落合 終戦のときって、13歳か14歳ですよね。

廣岡 うん。終戦の頃は、山の向こうに広(分遣隊/呉海軍航空隊)っちゅう航空隊があった。(主翼が)1枚じゃない、2枚のやつがビャーンと上がって、宙返りすりゃね、親父が「今にあの飛行機が(戦争に)また行く」って言っとったよ。

で、呉は軍港だから、船が入ると(アメリカの軍艦から発進した)艦載機が来るんだよ。

ほいだら、（日本軍は陸上から）高射砲でバーッと撃つ。空、真っ黒。でも、（アメリカ軍の艦載機が）落ちたの見たことない。

落合　もっと上を飛んでるんですよね。高射砲の射程距離の上を飛んでくるから、弾は当たらないんですよね。

廣岡　当たらんよぉ。悠々とダーッと行くもん。本当ね……俺は、いい経験したよ。それまでは、日本人は大したものだったんだけどね。終戦後、マッカーサーが「日本の教育をつぶせ、天皇制をやめて国会制にしよう」と。あれは（アメリカにとっては）成功してね。ほんまに日本はダメになった。それで、日本の土地をどんどん売るんだよ。なくなるど、本当に。

▼「廣岡君、ショートをやれ」

落合　高校（呉一中／現・呉三津田高）から早稲田大学へ入るときっていうのは、どういういきさつだったんですか？

廣岡　あれはね、広島県と山口県、勝ち上がったチーム同士が試合して、勝ったら甲子園、そういう時代。決勝で柳井（山口）に負けたんですよ。そのときに、柳井から早稲田大学に行った先輩（＊1）が山口で運動具屋をやってて、森（茂雄）監督（当時の早大監督）に、「面白いのがいるからテストしたら?」って言うて。

宮崎の駅の近くにグラウンド（宮崎県営野球場）があって、早稲田がキャンプをやってた。そこへ（テストとして練習に参加するために）入って。サードには小森（光生《こうせい》／廣岡と同期で早大に入学、のちに毎日オリオンズでプレー）がいた。ほいだら、森さんがね、「廣岡君、ショートをやれ」って。「僕はショートやったことないです。サードです」って言ったけど、「いや、おまえショート」って。ほいでショートでやったのを（森監督が）気に入って。セカンドに島田雄三（元大映）、ファーストには石井（藤吉郎）先輩。彼らに勉強させてもらって、結局、テストで合格したんだよ。

落合　じゃあ、入学は無試験ですか。

廣岡　僕らのときは無条件では採ってくれなかった。僕ら、法学部受けて全部落ちた。それで、夜間ならまだ試験を受けられるという話になって。「昼間はないんですか?」って言うたら、昼間は教育学部しかないと。「僕は昼間がいいです」と言って、それで教育学部に受かったんだよ。だから当時の野球部は教育学部が多いですよ。

落合　あぁ、なるほど。

廣岡　早稲田に入った時、ショートに少なくとも30人はいたよ。ほいで一緒にやってみて、「あ、こいつらに俺は抜けん」って。実際すぐ辞めた、そいつら。森さんは「小森と廣岡の三遊間は、ノックでは抜いてやろうと思うても抜けん」って言ってた。

（大学時代に）「僕は巨人が好きで、ほかは全部断って巨人に入ります」って言うたら、「巨人には有名な選手がたくさんいるのに、おまえみたいなのが行ってもレギュラーになれるかい」って言うのがほとんどだった。でも俺は、「そういう優秀な選手から技を盗んで、立派になってみせる」って。ほんで（巨人に入った後）、川上（哲治／のちに巨人監督としてV9を達成）さんに、「あんた、バッティングは一生懸命やるけど守備は下手くそね」「守備なんか練習をしないとうまくならん」って、1年坊主で言ったから嫌われた（笑）。

落合　はっはっは（笑）。でも正論ですよね。

廣岡　うん。ただやっぱりね、そのときの自分はまだ未熟。勉強できたのは川上さんのおかげ。真ん中に放るとね、「ヒロ、いい球を放ったな」って褒める。ところが、真ん中からちょっと逸れたら捕らない。「なんだ、下手くそ」って。

落合　グローブ出しゃあ捕れるのに、捕らないんですか？

廣岡　全然捕らない。捕る気がないんだから。千葉（茂）さんに「あのファーストは下手ですね」って言うたら、「あれは下手だよ。でも、真ん中に放ると褒めるだろ？」って。「褒める回数を増やせ」っちゅうのがアドバイスや。

プロ6年目、1959年のショート守備

落合　でも、野手としたらやってられないですよね(笑)。

廣岡　そうなの。ほいで、ショートの平井（三郎）さんが、「おまえな、地を這うようなスローイングを狙ってるだろう？　あのファーストは捕らん。捕りやすい、ふぇーって球を放れ」って。「こうしたらできる」とは絶対、言わない。「捕りやすいやつを放れ」って言うだけ。それがあの当時のアドバイス。

落合　はぁ～。

▼ホームスチール事件で試合中に帰宅

廣岡　川上さんっちゅうのはね、ちょっと自分の思うとおりにいかなかったら怒る人(笑)。

落合　はっはっは(笑)。

廣岡　川上さんが監督になって、早起きするとか、朝早く掃除をするとか、やれって言うた。だけど俺は、「私はそういうこと(みんな揃ってやるようなこと)をせんでも、ちゃんとやってます」って言うて、やらなかった。

それからゲーム中に、サインを長嶋（茂雄）に教えて、みんなには言わなかったことがあったの。長嶋と監督だけ、ホームスチールのサイン知ってるの。俺、知らんでしょ。それでピューッて（三塁ランナーの長嶋がスタートを切って）来たから、「おまえ何しとんねん！」って。そしたら「監督がホームスチールやれって言うから」って。この野郎！と思ってね。「やめた、こんなん馬鹿らしい」って（笑）、ゲーム中に帰ったの、俺。

落合 えっへっへ（笑）。

廣岡 ほいだら藤田のガンちゃん（藤田元司）が電話してきて、「サインを言わないのも悪いけど、ゲーム中に帰ったらいかんよ。電話でいいから監督に謝っておきなさいよ」って。それでも俺はやらなかったよ。「ホームスチールやれ」って、「廣岡は打てんからおまえが走れ」って言うのと同じじゃない。馬鹿にしとるよね。

落合 よっぽど確率がない限りは出さないですよね。ホームスチールのサインなんか出したことないですもん。

廣岡 いや、あのサインがわかっとりゃ、キャッチャーを後ろに下げるとか、どうにかできるんですよ。黙って走ってくるから。2回（＊2）。

落合 2回？

廣岡 2回やりやがったから、くそったれと思った（笑）。本当にカワさんにいじめられた。（引退してから野球を学ぶために）アメリカへ行っても、ドジャースの宿舎に入るのを「あいつはダメだ」って、巨人が断ったもん（＊3）。それでモーテルから通ったもん。

落合　それは、現役のときのいきさつからですか？

廣岡　うん。カワさんっちゅうのは本当にいじめるんだよ、嫌いなやつを。それでも巨人で13年間、お世話になったからね。カワさんが監督になって、V9をやった。それなら俺がV9を超さないと、悪口言ってもファンは納得せんだろうと、励みになって勉強

1963年、リーグ優勝を決め声援に応える（右は川上監督）

できた。本当に、あの人のおかげ。懐かしいよ。

シカゴへ行って、熱出して寝た。それで医者へ行くと、「廣岡さん、あんた元気になったらもう帰りなさい」って。それでもね、川上さんの顔を思い出すと「あいつに負けるかい」と(笑)、元気ハツラツ。ダーッとアメリカ回って、中南米も回って。アジアのほうはね、戦争してたんだよ(ベトナム戦争)。だからそれはやめて、またニューヨークに行って、日本に帰ってきたんだよね。やっぱり、あんまりいい子になったらいかんな。「正しいことは正しい」でやらんとね、人間はやっぱり堕落する。

▼外国人選手は扱いやすい

廣岡　俺が西武の監督のとき、ロッテにいたよね。

落合　ロッテにいました。

廣岡　球場に早く着いたから「ちょっと練習したい」って言ったら、「今、落合さんが室内でバッティングをやってるから、空きません」って断られた。それが印象に残ってる。

それと、広島の高橋慶彦。広島に行ったときに「空いたとこ貸してくれ」って言うたら、「今、高橋さんが室内で練習してますから」って。やっぱりね、人間っていうのは素材があっても、やらないとダメになる。屁理屈ばっかり言うのはろくなやつがいないね。

落合 自分で「何が一番必要なのか」っていうのがわかってないとダメですよね。

廣岡 あんた、どっちかというと疑い深いでしょう？ 「こうしろ！」って言われたら、「ほうですかい」って言うタイプじゃない。「本当に俺のためになるかな」って考えるタイプだ。それで「これは本物だな」と思ったら、とことんやる。それが偉いんだよ。三冠王を3回獲れたのは、やり抜く根気があったからだね。俺、豊田泰光（元西鉄、国鉄～サンケイ）と友達やったんよ。それで、（2人が評論家として一緒に）あんたの取材したよ。「来年も三冠王を獲ってみせる」とかなんとか言ったから、「どうやって獲る？」って豊田が聞いたらね、ニコッと笑ったもんな。「アホらしい」というような顔で（笑）。練習もやらんで獲れるわけないんだよ。そういうのが自然に身についてるんかなと思う。

落合 ある人からね、「コーチに使われるな」って言われたんですよ。

廣岡 うん、うん、うん。

落合 「自分でコーチを使えるような立場になって野球をやりなさい」って。あくまでも自分の練習をフォローしてくれる、それがコーチの役割だっていうことですね。

廣岡 アメリカがそうだもん。選手がコーチを選ぶんだもん。「今日はあのコーチにあれを教えてもらいたい」って。だから勉強してないやつは、いつまでも声がかからんね。

さすがアメリカだなと思った。ほいで、あれを獲ったらプラスになるっていうやつを、GMが一生懸命獲る。勝つために一生懸命やるヤツを大事にする。

（日本の球界では）それがわからんからね。ヤクルトのレフトやっとった、ワンちゃん（王貞治）のホームラン記録を破った（ウラディミール・）バレンティンがソフトバンクへ行って、役に立たんかったじゃない。やっぱり団体競技だったら、勝つ前提で一生懸命やるのが大事なんだ。自分の記録を作るためにやるなんて迷惑。俺はそう思う。

（ヤクルト監督時代には、チャーリー・）マニエルなんかにも「みんなの前で交代させて申し訳ない」って、監督室へ呼んで謝ったもん。ほいで「また恥かかしたらいけんから、使わん」って言うたもん（笑）。「どうしたら使うんだ？」って言うから、「練習から一生懸命やれ」と。ほいだら練習やったで。（いまさらその程度のことで）うまくなるはずがない。だけど、一生懸命やるというのが大事なことや。

落合　外国人選手っていうのは、監督、ボスの言うことは聞くんですよね。

廣岡　うん、よう聞く。

落合　「扱いづらいんじゃないか」って言われるけど、外国人選手ほど扱いやすい選手はいないんですよね。

廣岡　そのとおり。みんな、「頼むで、頼むで」ばっかり言うからダメなんだよ。

落合 甘やかしすぎますからね。

廣岡 「あの監督はきつい、本当のこと言うぞ」って思わせたら、もう本当、「イエッサー！」って言うもん。

「俺が言ってるんじゃない、真理が言わせとる」

廣岡 巨人なんかね、いろんな素材のいい選手を獲ってるけど、自然の法則を知らない指導者が多すぎる。歳とともに自然に力が落ちるのが当たり前だから。それを教える人がいないから、巨人のようなことになる。（他球団から選手が移籍してきて）巨人に入ったら、太るのは得意だね。

落合 あれ、やっぱりウエートトレーニングのやりすぎじゃないんですかね。

廣岡 そうかね。

落合 だからピッチャー、走らなくなったでしょう。

廣岡 あぁ、そりゃダメだ。いやもうね、テレビ見てるとみんな太ってる。

落合 実技で体を作ることをしなくなって、ウエートトレーニングで体を作るっていうふうになってきてるんだろうと思います、今の時代。

廣岡　体ができてない、その気がないやつに「こうやれ！」って言っても時間がかかるで。俺が評論家で見てたとき、井端（弘和／元中日、巨人）とか荒木（雅博／元中日）を、あんたがノックしてたね。

落合　あぁ、はい。

廣岡　監督自ら、パーン！ってノックして。ほいだら、あの2人は一人前になったよ。体ができてるから。俺が広島にいるとき（1970～71年、内野守備コーチ）にもらった『必勝法70箇条』というのは、〈常にベストコンディションを保て〉っていうのが第1条。ベストコンディションを保つために何をしたらいいかは書いてない。それがわかる人はなかなかいないだろう。

落合　ベストコンディションを保つには、やっぱり体力でしょうね。

廣岡　そう！　それじゃあ、体力をつけるのには、どういう生活をしたら、どういう考え方をしたら？

落合　練習して、日々野球に没頭することでしょうね。

廣岡　やっぱり落合が監督して、弱いチームを強くして日本一になったらね、野球界が良くなると思う。強いとこ、巨人なんかでいい選手を集めて勝ったって、（他球団は）ただその真似をするだけ。弱いとこで「こうやらんと、あの監督は使ってくれん」って言ってやったら、本当に体が丈夫になる。それで文句言うなら、「俺がこう思うから言ってるんじゃない。真理が言わせとる」って言やあいいんです。

落合 どこの球団も、オファーかけてくるところはないですから(笑)。

廣岡 あんたが在野にいたらダメ。率先して行かないと。「俺を使え。3年間使ったら、絶対優勝するから」って言ってごらん。スーパースターだったら使ったらいいだろう。何もわからんやつを使うのが今、日本のフロント。あれはお客さんを馬鹿にしてる証拠。やらないかん。今のうちにやらないと。俺みたいに90になったら、こう(体力が落ちていくジェスチャー)だもん。歩けんもん。今の監督で、ウォーミングアップのとき一緒に付いて走る人いる?

落合 いないでしょうね。

廣岡 俺、走ってたもん。

落合 背筋をぴーんと伸ばして、体がシャープでした。

廣岡 はっはっは(笑)。「真理が言わせとる」と言う以上は自分がやらなくちゃ、「言うだけ」ってなるやん。それで一緒に走っとるやん。そしたらね、いい加減なやつはゲーゲー吐きながら走ってたよ。南海の黒田(正宏)、片平(晋作)を獲ったとき(西武監督時代の1982年)に、やっぱり練習がきつかったの。それで片平は、大洋に行ったら給料が一番になった（1987年に移籍）。「あれはあの練習のおかげです」って言うてね、わかってくれたよ。

落合　昔、ロッテにトレードで来た選手は練習についてこられなかったですもん。ランニングの量が多くてね。山内（一弘監督）さんのときだったけども。ロッテからよそへ行くと、練習が楽なんですよ。練習ほとんどしないから。「これじゃ強くならないなあ」っていうことで。

廣岡　あんたなんか、まだ若いでしょう。

落合　もう70ですよ。

廣岡　昭和何年？

落合　昭和28（1953）年です。

廣岡　はっは（笑）。俺は昭和7（1932）年。若いよ、子供みたいだもん。監督というのは、野球は何かっていうのを知っていればいいんですよ。それで、その上へ行くんなら、（コーチ陣や選手たちと）お互いに勉強すりゃいいんですよ。教えてもらう。「おまえ、ええこと言うな」、「俺やったらそれはこう言うな」って、お互いに勉強しながら上がりゃいい。――椅子に座ってて勝てるか？（笑）

落合　えっへっへ（笑）。

廣岡　こんなんして（どっかりと座って手だけ動かして）、「行け！　行け！」って。何を言ってんの（笑）。やっぱり大将はね、一番先に行ってね、こうやって（戦況を凝視するジェスチャー）。大あぐらかいたらね、勉強できないよ。

落合　野球を教えてくれる人、いなくなったんじゃないですか。

廣岡　昔、巨人の社長に聞いたことあんねん。「巨人は勝たないとファンがうるさい。だから（他球団から）いい選手を獲ります。その間に次の素材のいい選手を教育します」って。でも今、（その素材のいい選手を）教える人がいないんだもん。情けないよ。

落合　練習量が足りないんでしょうね。

廣岡　やっぱり、そうかね。

落合　だと思いますよ。あれだけケガ人が多いってことは、体力がない証拠ですよ。

廣岡　安原（達佳／元巨人、廣岡と同期入団）がね、2年目に12勝したんだよ。そうしたら巨人のフロントに、「君、何年生？　3年間、20勝したらあんたの言うこと聞いてやる」って言われた。それが今は、10勝するかしないかで大騒ぎ。何を抜かしやがる（笑）。それで昔のエースっていうのはね、ぱーんと打たれたら、「よう打ったな、俺の球」っていうような顔をしてたね。金田（正一）、長谷川良平（元広島）とかね。

ヤクルトの社長には、友達みたいに電話するんだよ。「先発ピッチャー、よく放って

1978年、監督としてヤクルトを球団初のリーグ優勝・日本一に導いた

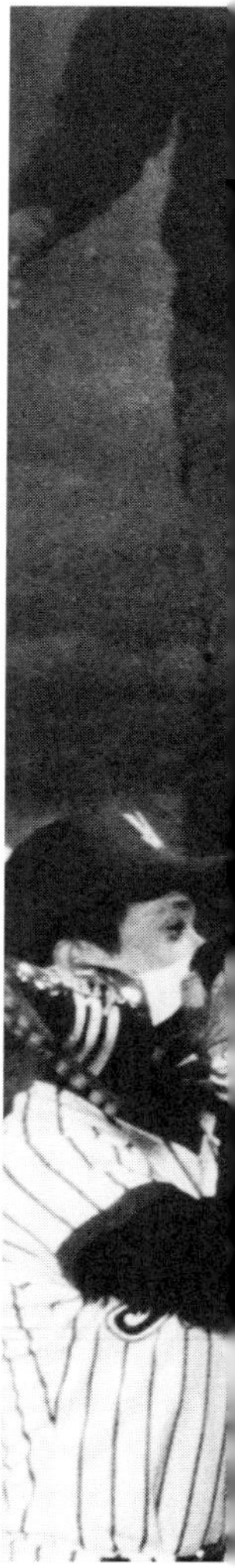

くれている。でも永久にそういうことはないよ。必ず穴がある。だからライバルを育てることで長生きする」って。それもわからんやつが経営しとるからね、日本は。巨人の正力松太郎（初代オーナー）とか品川（主計《かずえ》／元球団社長）さんは最初だから、そんなことはなかったんだよ。「アメリカに追いつけ、追い越せ」と言うて、一生懸命やった。

落合　今、球団で野球を知ってる社長・代表クラスっていうのは、ほとんどいないでしょうね。本社からの天下りですから。

廣岡　ねえ。もうあの制度を変えないと。向こう（アメリカ）のやつは稼いだお金を資本にして一生懸命やるから、GMがいて、みんなに責任持たすでしょ。向こうで食堂に行ったら、（ピーター・）オマリー（ドジャース元オーナー）とかでも、並んで待つ。「なんでや」って言うたら、「順番」って言うの。平等主義。日本だったら（周りの人が気を遣って）「どうぞどうぞ」って言うやろ。

▼なぜ正面で捕るべきか

廣岡　それにコミッショナーがね、指導者が勉強する場をなんにも作ろうと思わんでしょう。作ろうと思うとオーナーが反対するのよ。「金がかかる」って。

落合　セ・リーグ6球団、パ・リーグ6球団、フロントが優勝したいと思って野球をやっているかどうかですよね。

廣岡　あんたが巨人に来てファーストでノック受けてる姿、見てたよ、俺。一生懸命やっとったよ。やればできるということを教えてやったらいい。理屈で「それをやったら上手になりますか？」って言うやつはダメ。やるときはやりゃいいんだよ、絶対。

落合　だから2004年に荒木と井端、あそこまでノックしたけど、本当に彼らは「うまくなりたい」「自分がレギュラーになりたい」っていう気がありましたもん。

廣岡　うん、そうね。

落合　監督にだまされたようなところはあるんでしょうけどね(笑)。

廣岡　それでも今、井端ね、「横で捕ってピッと放るんだよ」と教えてる。アホ、ピッチャーっていうのは、どんな球でも正面で捕ると「あぁ、打たせてよかった」と思うんだよ。それなのに「横で捕ったほうがいい」ということを教えるんだよ、ときどき。

落合　あぁ。それ、オレのときは「絶対正面に入って、腰を割って捕れよ。それからスローイングしなさいよ」っていうことを言いましたけどね。

廣岡　正面で捕るもんだと思うと守備範囲が広くなる。横で捕ればいいっていうのは、守備範囲が狭くなる。坂本（勇人／巨人）なんか、捕れるヤツはタンタンタンと捕るよ。でもヒット性の打球は、格好だけしやがる。馬鹿にしとるよ（笑）。

俺が監督やったら、まず「おまえ、何を教えとる」ってコーチに文句言う。当人に言わない。そうするとね、「いや、言ってることは言ってるんですけど」。「やるまで、できるまで言ってやらんとダメ」って、ヤクルトでは言うとったよ。そのぐらい根気が要るんだよ。そうしたら人は育つ。

仕事をやってるとき、「そうすればうまくいくんですか？」って言うのはろくなやつじゃない。計算でやるから。「やる」って言ったら、死ぬまでやる。そのぐらい繰り返し、繰り返しやっとったらね、自然に身につくんですよ。「何回」じゃない、「何年」。4年、5年もかかってやったらね、自然に身につく。

あんたが本を出してる中で俺が好きなのは、「来た球を真っすぐ返すつもりでタイミングを取って、ライトに打とうとかレフトに打とうと思ってなくて、打ったらあっちに行ったというのが本当のところだ」っていうのを書いとったこと。これ本当。そうじゃないと三冠王獲れないよ。

あんたがどう思うか知らんけど、巨人(のバッティング)はあれ、ヤマ勘じゃない? 本人が研究して、「こういうカウントで、こいつはこう、こいつはこう」って(自分で予測を立てる)のはいいよ。ところが今は(データ分析の)専門家を置いて、傾向を聞きに行くやろ? (その情報をもとに)ヤマ勘で打つから、当たったら飛ぶんだよ。

落合 今、12球団どこもその傾向がありますね。

廣岡 あれは間違いだよ。自分で勉強しないと身につかないのを、専門家を置くから。それで、ピッチャーが代わるとまた傾向を聞きに行くんだよ。あんなもんダメだよ。

落合 自分の頭の中にちゃんと入れておかないと。

▼「管理野球」と言われたことについて

廣岡 一度、あんたをオールスターで使ったことあるね(1983、84年に廣岡は全パの監督、落合は選手として出場)。それで凡退したら、「よし、今度はやってやる」って言ってたで(笑)。

落合 へっへっへ（笑）。

廣岡 「おお、大したもんだな」と思った。今のやつなんか、三振したら威張って帰るよね。あんた腹立つでしょ？　三振したら「えらいことした」っていうような顔せいっていうねん。ピーッと、みんな倒れるぐらい振るでしょう。あれ、どうしてよ。

落合 「ここに来る」っていう思い込みで振っていて、自分のストライクゾーンがないんでしょうね。

廣岡 ねえ！

落合 だから高いボール、低いボール、内、外、ワンバン、平気で振るでしょう？

廣岡 振る。あれはもう相手のことも勉強してない証拠だよ。だから本当に今ね、あんたがどこか行って（監督を）やったら勝てるんだよ。俺は「巨人で3軍を任すからやってくれ」って言われたら、「わかった」って言うで。絶対勝ってみせる（笑）。教えりゃいいんだから。根気よく、できるまで。「できる！」って言うてね。「おまえ、ダメだなぁ」っていう言葉は絶対使わない。「できるんだ。できないのはまだ早いんだ」って言って、努力させりゃあできる。

落合 自分が何の仕事をしてるかっていうことを、やっぱり理解しないといけませんね。

廣岡 本当、情けないよ。今の野球見てるとね、腹が立つ。

1982年から西武を率い、リーグ優勝3回、日本一2回

落合　廣岡さん、西武時代によく「管理野球」って言われたでしょう。あれについてどう思います？

廣岡　いや、だから、さっき言ったように管理じゃないんだよ。人間のやるべきこと、真理を言ってるんだって。「やるべきことをやると、自由が利かないからきつい」と言うなら、もっといいものを発見すればいいんだよ。やらんうちに文句言うから。

でもね、俺の教え子はだいたい監督になったら成功するよ（＊4）。やっぱり普通の監督が教えるのと違って、やるべきことをやりなさいと言う。この間、辻（発彦／対談当時の西武監督）を呼んで、「ライバルをつくれ」って言った。そしたら「廣岡さん、ライバルになるような選手がいません」って言うから、「バカ野郎、おまえがつくるんだい」って言ったよ（笑）。そうせんと、人間っていうのは楽をしたがる。競争相手に優秀なやつを置けば置くほど上がるんです。両方が上がってくる。

石毛（宏典／元西武、ダイエー）に「よくそれで新人王取ったな」って言うたら、ぷーっとしたよ。で、行沢（久隆／元日本ハム、西武）とか、広橋（公寿《こうじゅ》／元西武、中日、ダイエー）を懇切丁寧に教えとったら、最初は遠いところから見てたのが、だんだん近づいてきた。「監督、なんで僕には教えないんですか」って言うてきた。あれからだよ。やっぱり人間っていうのは反発する。それを「この野郎」と思わずに、「教えてやるよ、来い」って。そういうことが今の指導者はわからないの。大久保（博元／元西武、巨人）だってそうで、外れ1位で獲って、秋山（幸二／元西武、ダイエー）のライバルにしたんだよ（※1984年ドラフト。西武は広沢克己を1位指名したが抽選でヤクルトに負け、大久保を外れ1位で指名）。

▼時間で区切る練習スタイルはよくない

落合 今、野球界に一番言いたいことは何ですか？

廣岡 やっぱり、野球があって人間ができているということを感謝せな。当たり前だと思っとるもん、今のやつはね。だから、三振しようが何しようが平気。俺が一番不愉快なのは、「楽しみました」。

落合 はい（笑）。

廣岡 ねっ？ 確かにアメリカではプレーという英語を使うよ。訳したら「楽しむ」だよ。でも、あの真剣勝負を楽しむ？ 「何が楽しみだよ、バカタレが」と思うわ（笑）。

落合 楽しんだことはないですね。

廣岡 俺はあれ、間違いだと思うよ。どのスポーツでも、楽しみながらやるとかね、あれは勘違い。一生懸命やらにゃ。

落合 マスコミ向け(の発言)じゃないですか。

廣岡 「ここからあそこへ歩け」って言われて、ぬぁ～っと歩く。ほいで、背後から首をつかまえると止まる。これは気が出てない証拠。「何があってもあそこへ行け!」って言うてやらな。そしたら「行きゃいいんでしょ!」って、気が出るやん。首をつかまえられてもね、引きずっていくよ。それを「気が出てる」って言うんだよ。やる気はそういうもんだっていうのを教えないかん。

で、重心を動かさない。ピッチャーが構えたとき、腹に重心があるのに、上半身も動かしたら重心が動いてしまうんだよ。だから、肩だけを動かすんだよ。それをわかってる人がいないいな。

落合 教える人もいないんでしょうね。

廣岡 おらん。今はね、やることいっぱいあるで。忙しいで。監督になったらコーチを教えないといけない。コーチは選手に教える。ほいで、根気がないとダメだぞ。「できるまで教えい!」と言ってね。「そのために練習があるんだ」って教えたらいい。

落合 今の練習っていうのは、時間で区切っちゃうでしょう?

廣岡 あれ、ダメね。

落合　あれは絶対ダメです。「予定があるから、この時間で。はい、次の行程に行きます」っていう、あの教え方は本当に良くないと思う。「できるまでやって、できたら次のところに行きなさい」っていうスタイルだったらいいんだけども、タイムスケジュールがあって、時間で区切っていくっていうのは。だから、コーチの仕事っていうのは毎日、同じことをできるまで「やれ」と言うこと。「できても同じことを言え」って言った人もいましたけど。

廣岡　そう。やってみたらわかるんだよ。やってみたら、「ああ、そうか」っていうふうに気がつくんだよ。

落合　「これ以上練習したらケガする」とかね。最近の「違和感」っていうのは、どう思います？

廣岡　「違和感がある」っていうね。何をぬかしやがるけぇ。あの石毛がね、誰かとぶつかった（＊5）。「あぁ、痛かったろうな」と思って。ほいだら「監督、ちょっと具合が悪いんです」って言うから、「休みたいか？　休みたいなら休め」ってわざと言ったらね、「出ればいいんでしょ」って言って、あいつ、3本打ちやがった(笑)。だから人間っちゅうのは、やる気があったらできるんですよ。あれ、違和感じゃない。インチキや。

落合　人間、朝起きたらどこか変だなっていうのは必ずありますからね。それを「違和感だ」って言われてゲームを休まれると……。

廣岡　「違和感あるんかい」って、知らん顔しとりゃいいんだよ。本当に痛いとこを隠して、痛くないかのようにやるのがプロ。そういうもんでしょ？　いつもどこか悪いよね？

落合　必ず悪いところはあるんですよ。それを隠しながら、だましだまし野球をやってきたっていうのがね。

廣岡　そういう選手、チームはなくなったね。

落合　トレーニングコーチとかお医者さんが、すぐストップをかけちゃうっていうのがあるでしょう。

廣岡　あぁいうのは監督に値打ちがないんだよ。「何言ってるんだ、あんた」って言ってごらんよ。「へいへい」って従うよ。

▼痛いなら痛い。それでいい

落合　廣岡さん、今日はありがとうございました。

廣岡　いえいえ、どうもご苦労さんでした。

落合　いい勉強になりました。

廣岡　何か困ったことあったら電話しなさい。死ぬまで勉強だから。そういうつもりでいたら腹が立たん。何歳まで生きるかなって、そういうことは考えない。生きてるうちは生きるよ、と。そのほうがいいんだよ。「生きたいな」と思ってつまらんことをやるよりも、死ぬときは死ぬんだよ。どんな名医でも、生まれたら死ぬんだから。そういうふうに考えたら自然に順応できる。だから、まだこれからですよ。

落合　もう70ですから（笑）。

廣岡　70なんか、まだ子供（笑）。もう元気ハツラツ。

落合　はっはっは（笑）。

廣岡　でもね、80になると、ちょっと感じるよ。90になると、本当にパーッといく。ほいで、100歳っていう人たちには、「どういう生活したのかな」って思うもん。尊敬しちゃう。あれ絶対ね、怒ることがあっても短いんだよ。パッと切り替える。そういうふうにやったらいいよ。

落合　ありがとうございます。

廣岡　人間だからね、痛いから「痛い」と言うよ。痛いからどうなるか、「これはひどいことになったらこうなる」と思う必要はない。痛いなら痛い。それでいいんだよ。「死ぬときは死ぬわい」って思えば、幸せな人生になるよ。

＊1　杉田屋守……1908年生まれ。山口・柳井高（旧制柳井中）から早稲田大を経て1932年にプロ入り。イーグルス＝黒鷲軍で外野手としてプレーした。

＊2　廣岡がゲーム途中で帰宅したのは、1964年8月6日の国鉄戦。7回1死三塁で打者・廣岡のとき、長嶋がホームスチールを仕掛けた（結果は盗塁死）。その2日前、8月4日の国鉄戦でも廣岡の打席で長嶋がホームスチールを仕掛けており、これが2回目だった。

＊3　川上との確執もあり1966年に現役を引退した廣岡は翌67年春、野球理論を学ぶために渡米。しかし、巨人もキャンプを行なっていたドジャースのベロビーチキャンプでは、巨人からの横やりで見学すら許されなかった。

＊4　ヤクルト監督時代の若松勉、西武監督時代の伊東勤、渡辺久信、秋山幸二、工藤公康が日本一監督になっている。

＊5　1985年の日本シリーズ第3戦（甲子園）、ショートの石毛は阪神・佐野仙好の打球を追ってレフトの金森永時と交錯。右膝靭帯を負傷したが、応急処置で最終戦（第6戦）までフル出場。負傷後にも2安打（1本塁打）し、シリーズ通算3本塁打で敢闘賞を受賞した。

対談動画はこちらから

［対談収録日］

01 田淵幸一 2023年2月27日

02 東尾 修 2023年4月25日

03 福本 豊 2023年11月7日

04 鈴木啓示 2023年7月11日

05 山本浩二 2023年6月6日

06 鈴木敏夫 2023年10月24日

07 張本 勲 2024年10月15日（本書籍オリジナル）

08 廣岡達朗 2023年9月5日

こたえあわせ
伝説の舞台裏
落合博満 対談集

2025年3月31日　第1刷発行
2025年5月12日　第2刷発行

著　者　落合博満
発行人　樋口尚也
発行所　株式会社集英社
〒101-8050 東京都千代田区一ツ橋2-5-10
[編集部] 03-3230-6371
[販売部] 03-3230-6393(書店専用)
[読者係] 03-3230-6080
印刷所　TOPPANクロレ株式会社
製本所　加藤製本株式会社

ISBN978-4-08-790195-5 C0075